ABCteam-Taschenbuch Nr. 3165

Erika Fritsch

Norman P. Grubb

Charles T. Studd

Kein Opfer zu groß

BRUNNEN VERLAG · GIESSEN/BASEL

ABCteam

ABCteam-Bücher erscheinen in folgenden Verlagen:
Aussaat- und Schriftenmissions-Verlag Neukirchen-Vluyn
R. Brockhaus Verlag Wuppertal
Brunnen Verlag Gießen
Bundes Verlag Witten
Christliches Verlagshaus Stuttgart
Oncken Verlag Wuppertal

Lizenzausgabe der deutschsprachigen Originalausgabe: „Karl T. Studd – ein Bote Gottes" mit freundlicher Genehmigung des Friedrich Reinhardt Verlages, Basel.
Gekürzt von Albert Hirzel
Neu bearbeitet von Christel Meyer

4. Auflage 1984

Umschlag: Gisela Scheer, Wetzlar

Satz: Reprosatz, Wettenberg
Herstellung: Ebner Ulm
ISBN 3-7655-3165-0

Vorwort

In jedem Jahrhundert der Christenheit gab es Männer und Frauen, durch die Gott maßgeblich ihre Zeit prägte. Das gilt auch für die Missionsgeschichte der letzten Jahrhunderte. Einer, von dem man sicherlich sagen kann, daß er für unser Jahrhundert den Blick der Christen aller Welt für ihre besondere Missionsverpflichtung geschärft hat, ist Charles T. Studd.

Es geht dabei seltsamerweise nicht so sehr um den jungen Studd, der als Sportgenie und reicher Pflanzerssohn den Ruf Jesu hörte, Christ wurde und sich bedingungslos Jesus Christus zur Verfügung stellte. Da hätte man allenfalls noch von einem bedeutsamen Missionsidealisten sprechen können.

Es ist der alt gewordene, reife Studd, der erst in China und in Indien seine Gesundheit, sein Vermögen, seine Genialität lassen und aufgeben mußte, um — zerbrochen in der Schule Gottes — der Missionsmann zu werden, der durch seine unbedingte Glaubenshaltung den Anstoß zu neuen, weltweiten missionarischen Einsätzen gab. Daß Gottes Verheißungen wahr sind, wußte die Christenheit — und doch wußte sie es nicht mehr. Zwar wurde gepredigt, daß seine Kraft in der Schwachheit mächtig ist, aber der Einsatz in der offiziellen Mission sah oft ganz anders aus.

Charles T. Studd ist nicht nur zum Begründer des *Weltweiten Evangelisations-Kreuzzugs (WEK)* geworden. Durch ihn, zusammen mit Hudson Taylor, haben in diesem Jahrhundert Glaubensmissionen in aller Welt ihren entscheidenden Anstoß erhalten. Durch ihn haben manche Missionskreise und Missionsgesellschaften einen neuen Blick für die Anfangsbasis des Glaubens bekommen, von der sie einmal ausgegangen sind. Und dies, obgleich vieles heute so ganz anders geworden ist.

Dr. Horst Scheunemann
Vorsitzender des Weltweiten
Evangelisations-Kreuzzugs in Deutschland

Ein Pferderennen und seine Folgen

Das große Pferderennen in Dublin war beendet, und die Zuschauer strömten nach Hause, unter ihnen der reiche, im Ruhestand lebende Pflanzer Vincent. Da er das letzte Fährschiff verpaßt hatte, mußte er in der Stadt übernachten. Als er am Abend auf der Suche nach Unterhaltung durch die Straßen schlenderte, geriet er aus Versehen in eine christliche Versammlung, die er für ein Varieté gehalten hatte. Die Rede des Erweckungspredigers Moody war so packend, daß Vincent beschloß, länger zu bleiben, um die Vortragsreihe zu Ende zu hören. An einem dieser Abende stellte er sein Leben unter die Führung und in den Dienst Jesu Christi.

Vincent hatte einen guten Freund, Edward Studd, der als Pflanzer in Indien ein riesiges Vermögen erworben hatte. Nach England zurückgekehrt, wollte er von den Zinsen seines Kapitals leben. Er war ein Mann in den besten Jahren, gesund, kräftig, gut in Form und besaß die Mittel, um jede Liebhaberei finanzieren zu können. Da er keinen bürgerlichen Beruf ausübte, verfügte er über unbeschränkte Freizeit. Was lag näher, als sich dem Sport zuzuwenden? Die Teilnahme daran wurde für ihn zur Leidenschaft. Er war ein begeisterter Kricketspieler. Noch mehr interessierten ihn allerdings Pferderennen. In seinem Stall standen die teuersten Pferde, die ihm in manchem Rennen den Sieg einbrachten.

Auch in der Erziehung seiner Kinder spielte der Sport eine große Rolle. Schon mit fünf Jahren wurden sie in den Sattel gesetzt und nahmen bald in ihren roten Röckchen an Fuchsjagden teil.
Als Moody nach Beendigung seiner Vortragsreihe in Dublin auch nach London kam, lud Vincent seinen Freund Studd ein, ihn in eine der Versammlungen zu begleiten. Edward Studd wehrte sich entrüstet gegen diese Zumutung, gab aber schließlich dem Drängen Vincents nach. Dann erging es ihm wie seinem Freund. Nach der ersten Zusammenkunft sagte er: ,,Ich werde wiederkommen, um diesen Mann noch einmal zu hören. Er hat mir alles gesagt, was ich getan habe.'' Studd hielt Wort; und auch für ihn kam es zu einer großen Wende.
Über diese Veränderung schreibt später einer seiner Söhne: ,,Am Nachmittag war Vater noch ganz erfüllt von der Leidenschaft für den Rennsport, und am Abend war er wie verwandelt. Es war ihm klar, daß er nicht mehr dasselbe Leben führen konnte wie bisher. Er beschloß, zu Moody zu gehen und ihn um Rat zu fragen.
,Ich möchte ein offenes Wort mit Ihnen reden', sagte er. ,Jetzt, wo ich Christ geworden bin, muß ich da Rennen, Jagen, Theater und Bälle aufgeben?' — ,Nun', antwortete Moody, ,Sie waren offen zu mir. Ich will ebenso offen zu Ihnen sein: Rennen bedeutet Wetten, und Wetten bedeutet Glücksspiel. Ich sehe keine Möglichkeit, wie ein Spieler ein Christ sein kann.'
Vater fragte weiter nach Theater und Kartenspiel, worauf Moody antwortete: ,Herr Studd, Sie haben Kinder und auch sonst Menschen, die Sie liebhaben. Sie selbst wissen nun, daß Sie gerettet sind. Da wird Ihnen gewiß auch die Rettung derer am Herzen liegen, die Ihnen nahestehen. Gott wird Sie die Freude erleben lassen, einige dieser Menschen zu gewinnen. Sobald das geschieht, wer-

den Sie gar kein Interesse mehr an den anderen Dingen haben.'
Und so kam es — zum größten Erstaunen seiner Kinder und Bekannten. Nur *eine* Sorge beschäftigte ihn noch: wie er Menschen für Gott gewinnen könnte. Er erschien nicht mehr auf der Rennbahn. Jedem seiner älteren Söhne schenkte er ein edles Rennpferd, und die übrigen verkaufte er. Die große Diele seines Hauses räumte er aus, ließ sie mit Sitzplätzen und Bänken ausstatten und schuf so einen Raum, in dem das Evangelium gepredigt werden konnte. Dann ritt er im Land umher, um die Leute einzuladen. Und sie kamen zu Hunderten."
Nach seiner Bekehrung lebte Edward Studd nur noch zwei Jahre. Als er eines Abends auf dem Weg zu einer Versammlung Moodys war, fiel ihm plötzlich ein, daß er vergessen hatte, einen seiner Stallknechte mitzunehmen. Er ließ den Wagen halten, sprang ab und rief den anderen zu, sie möchten weiterfahren, denn es war schon spät. Dann lief er den ganzen Weg zurück. Dabei platzte eine Ader in seinem Bein, was schließlich zu seinem Tod führte. Bei seinem Begräbnis konnte der Geistliche sagen: „Er tat in zwei Jahren mehr als die meisten Christen in zwanzig Jahren."

Drei Brüder kehren um

Die ältesten Söhne von Edward Studd waren zur Ausbildung in Eton. Sie wußten noch nicht, welche Änderung sich in der Denk- und Lebensweise ihres Vaters vollzogen hatte. Da erhielten sie eines Tages — mitten im Semester — eine Einladung, zu ihrem Vater nach London zu kommen. Sie glaubten, er wolle sie ins Theater oder zu irgendeinem Vergnügen mitnehmen. Deshalb waren sie schockiert, als sie hörten, daß sie einen ,,frommen Rummel" mitmachen sollten. Der Vater besuchte mit ihnen eine Versammlung Moodys.
Charles Studd schreibt später darüber: ,,Für uns war Religion nur eine Sonntagsangelegenheit; man legte sie für den Rest der Woche beiseite, wie man auch seinen guten Anzug am Montag wieder weghängt. Obwohl wir dazu erzogen waren, jeden Sonntag zur Kirche zu gehen, war unsere ,Religion' nichts wert.
Wir waren mißmutig, wenn der Sonntag kam, und atmeten auf, wenn es wieder Montag wurde. Der Sonntag war für uns der stumpfsinnigste Tag der Woche, weil wir gar nicht wußten, was Glaube ist.
Dann hatten wir plötzlich das Glück, einen wirklichen Christen kennenzulernen, und das war unser eigener Vater. Aber wir waren noch weit davon entfernt, dies als Glück zu empfinden. Im Gegenteil: Die Haare standen uns zu Berge, und wir meinten, ein Hundeleben führen zu müssen, bis wir kapitulierten. Mir selbst war in dieser Zeit höchst unbehaglich zumute, weil Vater jeden Abend in mein Zimmer kam und fragte, ob ich bekehrt sei.

Schließlich stellte ich mich schlafend, sobald er die Tür öffnete, und wenn ich ihn tagsüber kommen sah, schlich ich mich in eine andere Ecke des Hauses."

So verging ein Jahr. Charles und seine Brüder waren in den Sommerferien zu Hause und spielten oft Kricket. Wie gewöhnlich hatte der Vater zum Wochenende Gäste im Haus, die am Sonntag in den Versammlungen sprechen sollten. Einmal waren zwei Männer da, von denen einer sich recht gut mit den Jungen verstand. Den anderen mochten sie nicht; sie hielten ihn für einen Waschlappen. Er hatte gesagt, er könne reiten, aber sie glaubten es nicht und wollten ihm einen Streich spielen. Sie luden ihn am Samstagmorgen zu einem Ausritt ein, an dem auch ihr Vater teilnahm. Zuerst ritten die drei Jungen hinten, spornten dann aber plötzlich ihre Pferde an und sprengten in gestrecktem Galopp an den beiden andern vorbei. Natürlich waren deren Pferde nicht zu bremsen. Trotzdem konnte sich der Gast im Sattel halten, sogar besser, als die Jungen ihm zugetraut hatten. Obwohl das Spielchen mehrmals wiederholt wurde, verbot es ihr Vater nicht, da er sich selbst das Lachen nicht verbeißen konnte.

Aber am Nachmittag dieses Tages lernten sie den Gast von einer anderen Seite kennen. Er wußte es so einzurichten, daß er mit jedem von ihnen ein vertrauliches Gespräch führen konnte. Alle drei übergaben dabei ihr Leben Christus, ohne daß es der eine vom anderen wußte.

„Als ich gerade zum Kricketspielen gehen wollte", erzählt Charles Studd später, „traf ich den Mann unvermutet. Er fragte: ‚Bist du Christ?' Ich sagte: ‚Nicht, was Sie unter einem Christen verstehen. Aber ich habe schon als Kind an Jesus Christus geglaubt.'

Mit dieser Antwort hatte ich gehofft, ihn loszuwerden, doch vergeblich.

‚Hör zu', sagte er, *‚Gott hat so sehr die Welt geliebt, daß er seinen eingeborenen Sohn gab, auf daß alle, die an ihn glauben, nicht verloren gehen, sondern das ewige Leben haben.* Glaubst du, daß Jesus Christus starb?'
‚Ja.'
‚Glaubst du, daß er für dich starb?'
‚Ja.'
‚Glaubst du auch die andere Hälfte des Verses — *sondern das ewige Leben haben*?'
‚Nein', sagte ich, ‚das glaube ich nicht.'
‚Siehst du denn nicht, daß diese Behauptung im Widerspruch zu Gottes Aussage steht? Meinst du, daß Gott ein Lügner ist?'
‚Nein', sagte ich.
‚Dann bist du aber sehr inkonsequent, wenn du nur die eine Hälfte des Bibelverses glaubst und die andere nicht.'
‚Ja, wahrscheinlich.'
‚Willst du immer inkonsequent bleiben?'
‚Nein, das wohl nicht.'
Daraufhin sagte er: ‚Willst du jetzt die Konsequenzen ziehen?'
Ich merkte, wie ich in die Enge getrieben wurde, und dachte: Wenn ich jetzt aus dem Zimmer gehe, verliere ich den Respekt vor mir selbst. So sagte ich: ‚Ja, ich werde konsequent sein.'
Er fragte mich: ‚Weißt du nicht, daß das ewige Leben eine Gabe ist? Was machst du, wenn dir jemand etwas zu Weihnachten schenkt?' Ich antwortete: ‚Ich nehme das Geschenk an und bedanke mich.'
Darauf er: ‚Willst du denn nicht Gott für seine Gabe danken?'
Da kniete ich nieder und dankte Gott, und Frieden und Freude kehrten in mein Herz ein. Ich begann zu verstehen, was Wiedergeburt bedeutet. Die Bibel, die für mich

zuvor so trocken gewesen war, bedeutete mir nun alles."
Charles Studd sprach mit seinen Brüdern nicht über das Erlebte, doch schrieb jeder von ihnen an den Vater, sobald sie nach Eton zurückgekehrt waren. Als sie wenige Tage darauf beim Frühstück zusammensaßen, erhielten sie einen Brief des Vaters, der an alle drei gerichtet war. Darin drückte er seine große Freude über ihre Entscheidung aus. Wie überrascht waren sie, als sie feststellten, daß sie alle am selben Samstagnachmittag den Entschluß gefaßt hatten, ihr Leben Gott zur Verfügung zu stellen! So hatte sich der Mann, über dessen Reitkunst sie sich lustig gemacht hatten, als Experte in der größten Kunst erwiesen, nämlich Menschen zu Jesus zu führen.

Charles (Mitte)
mit seinen Brüdern

Krise und Neuanfang

Charles Studd war ein ausgezeichneter Kricketspieler. Schon als Schuljunge hatte er dieses Spiel mit erstaunlicher Ausdauer geübt. Der Erfolg blieb nicht aus. 1879 wird der Siebzehnjährige in einem Bericht über das Eton-Harrow-Spiel lobend erwähnt: „Der beste Kricketspieler war zweifellos der Eton-Mannschaftsführer Charles Studd. Sein Name wird noch Schlagzeilen machen."
Diese Prophezeiung erfüllte sich. Später in Cambridge bewies er sich als hervorragender Spieler. Besonders glänzend waren seine Leistungen in Wettkämpfen gegen die australische Mannschaft, die bis dahin als unbesiegbar gegolten hatte. Ein Erfolg löste den anderen ab. Die ganze Sportwelt war von ihm begeistert, und überall wurde er als der beste Kricketspieler gefeiert.
Studd hat später nie bereut, Kricket gespielt zu haben, nur bedauerte er, den Sport mit solcher Leidenschaft betrieben zu haben, daß er ihm fast zum Götzen wurde. Doch lernte er dabei Mut, Selbstverleugnung und Ausdauer, Eigenschaften, die er später im Dienst für Gott gebrauchen konnte. Der Mann, der einst all seine Kräfte aufbot, um ein meisterhafter Kricketspieler zu werden, setzte später alles daran, Christi Herrlichkeit zu verkündigen und sein Reich auf Erden auszubreiten.
Aber noch war es nicht soweit. Der einzige, der in seinem neuen Leben nie wankend wurde, war der ältere Bruder. Bei Charles war es anders. Er schreibt später selbst darüber:
„Statt anderen von der Liebe Christi zu erzählen, dachte

ich nur an mich selbst und behielt alles, was ich erlebt hatte, für mich. Die Folge war, daß meine Liebe zu Gott nachließ und die Welt mich erneut in ihren Bann zog. Sechs Jahre lebte ich in dieser Weise."
Doch als sein jüngerer Bruder, den Charles besonders liebte, todkrank wurde, kam die zweite große Wende. Er saß stundenlang am Bett des Kranken, der mit dem Tod rang.
„Was bedeutet alle Anerkennung der Welt?" dachte er. „Welchen Wert haben Ruhm und Bewunderung? Was nützt dem Menschen sein Reichtum, wenn er der Ewigkeit entgegengeht?" Und eine Stimme in seinem Innern sagte ihm: „All dies ist völlig nutzlos."
„Alle diese Dinge", so berichtet Charles Studd weiter, „waren für meinen Bruder unwichtig geworden. Er hatte nur nach dem Herrn Jesus Christus und nach der Heiligen Schrift Verlangen.
Gott zeigte mir, daß er auch in meinem Leben den ersten Platz einnehmen wollte. In seiner Liebe und Güte gab er meinem Bruder die Gesundheit wieder. Sobald ich ihn alleinlassen konnte, besuchte ich Moodys Versammlungen. Dort erlebte ich einen Neuanfang mit Gott. Ich wurde wieder froh und sah erneut Gottes Auftrag, meinen Freunden das Evangelium nahezubringen und mit ihnen über die Rettung ihrer Seele zu sprechen.
Ich kann gar nicht sagen, welche Freude es für mich war, als ich zum erstenmal einen Freund zu Jesus Christus führen durfte. Ich habe fast alle Freuden dieser Welt kennengelernt, aber ich versichere euch: Keine wiegt die eine Freude auf, die ich empfand, als dieser Mensch gerettet wurde!
Zu Beginn der neuen Saison ging ich wieder zum Kricket — aber als anderer Mensch. Früher war ich so begeistert für den Sport gewesen, wie man es sich nur denken kann.

Doch seitdem mein Leben Jesus gehörte, kannte ich etwas unvergleichlich Besseres. Mein Herz hing jetzt nicht mehr an dem Spiel. Mein Ziel hieß, Menschen für Jesus gewinnen. Mir war klar geworden: Es lohnt sich nur, für die zukünftige Welt Gottes zu leben."

Charles bemühte sich mit unablässigem Eifer um seine Sportfreunde. Viele bekannte und tüchtige Menschen haben später bezeugt, daß sie in dieser Zeit durch Charles Studd unvergeßliche und für ihr Leben entscheidende Eindrücke erhielten.

Über Studd selbst kam noch einmal eine Zeit der inneren Unruhe, als er über seine Zukunft nachdachte. Er berichtet darüber:

„Ich bat Gott, mir meinen Weg zu zeigen, damit ich ihm dienen konnte. Aber dabei beging ich einen Fehler. Statt allein Gott zu vertrauen, daß er mich leiten würde, ging ich zu meinen Freunden und versuchte, mit meinem menschlichen Verstand die Führung Gottes zu ergründen. Statt Klarheit zu erhalten, geriet ich dadurch nur in tieferes Dunkel. Unruhe und Angst überkamen mich, gesundheitlich ging es bergab, und ich mußte zur Erholung aufs Land. Nachdem ich drei Monate lang in meiner Bibel gelesen und Gott gebeten hatte, mir den Weg zu zeigen, kam ich zurück. Es ging mir viel besser, obwohl ich immer noch nicht wußte, was ich tun sollte."

Es war Studd klar, daß er keinen Beruf ergreifen sollte, der wirtschaftlichen Gewinn einbrachte. Das erlaubte sein Gewissen nicht, denn Gott hatte ihm bereits viel mehr gegeben, als er für sein Leben nötig hatte. Wie konnte er da die besten Jahre seines Lebens drangeben, um für sich selbst und für die Ehren und Freuden dieser Welt zu arbeiten, während täglich Tausende von Menschen starben, ohne jemals von Christus gehört zu haben?

In dieser Zeit fiel ihm die Schrift eines Atheisten in die Hände, in der folgendes stand: ,,Wenn ich wie angeblich Millionen fest daran glauben würde, daß unser Leben in der Ewigkeit von unserer Einstellung zu Jesus Christus und dem Gehorsam seinem Wort gegenüber abhängt, dann würde mir Religion alles bedeuten. Dann würde ich irdische Freuden wie Müll von mir werfen, irdische Sorgen als Torheit, irdische Gedanken und Gefühle als Eitelkeit betrachten. Christus wäre mein erster Gedanke beim Erwachen und mein letzter beim Einschlafen. Ich würde nur für ihn arbeiten und meine Gedanken allein auf die Ewigkeit richten. Eine Seele für das ewige Leben zu gewinnen, würde ein Leben voller Leiden aufwiegen. Der Gedanke, welche Folgen mein Reden und Handeln hat, sollte mir nicht länger Hand oder Zunge lähmen. Die Erde mit ihrer Freude und ihrem Kummer sollte mich keinen Augenblick mehr gefangennehmen. Ich würde mich bemühen, nur auf die Ewigkeit zu schauen und auf die unsterblichen Seelen um mich her, die nun bald für immer gerettet oder für immer verloren sein würden. Ich würde in die Welt hinausgehen und predigen — ob die Menschen es hören wollten oder nicht. Und mein Leitwort wäre: *Was hilft es dem Menschen, wenn er die ganze Welt gewinnt und nimmt dabei Schaden an seiner Seele?*"
Diese Worte machten tiefen Eindruck auf Studd. ,,Da sah ich mit einemmal", so schreibt er, ,,wie das Leben eines Christen sein sollte. Bis jetzt war mein Leben sehr inkonsequent gewesen, und ich kam zu dem festen Entschluß: Ab sofort sollte das Schwanken ein Ende haben. Von jetzt an wollte ich nur das tun, was Gott mir zeigte. Diesmal wollte ich mich nicht wieder mit Menschen beraten, sondern auf Gottes Wegweisung warten."

Charles Studd lernte in dieser Zeit noch etwas, das für sein späteres Werk von entscheidender Bedeutung war: Durch Eifer allein wurde er nicht zu einem erfolgreichen Arbeiter für Christus. Dazu mußte er die Vollmacht Gottes haben. Er erinnerte sich an die Verheißung: *Ihr werdet die Kraft des Heiligen Geistes empfangen . . . und werdet meine Zeugen sein.* Als er ernsthaft begann, nach Gottes Plan für sein Leben zu suchen, wurde ihm zunächst seine eigene Unzulänglichkeit bewußt. Zugleich erkannte er auch, daß dieser nur durch das Erfülltwerden mit dem Heiligen Geist begegnet werden konnte. Wie das geschah, berichtet er selbst:

„Etwa drei Tage später kam einer meiner besten Freunde in die Stadt und lud mich ein, mit ihm eine Bibelstunde zu besuchen. Nachdem wir eine Weile in der Bibel gelesen und uns darüber ausgetauscht hatten, fragte er mich: ‚Hast du schon gehört, wie sehr der Herr Frau W. gesegnet hat?' ‚Nein', antwortete ich. ‚Nun', sagte er, ‚du weißt, wie eifrig sie fast ihr ganzes Leben lang für Christus gearbeitet hat. Dabei erlebte sie viel Schweres, das sie sehr belastete. Aber jetzt schenkte ihr Gott solchen Segen, daß es scheint, gar nichts könne sie mehr beunruhigen. Sie strahlt echten Frieden aus.'

Wir begannen in der Bibel nach einem verheißenen Segen zu suchen. Da fanden wir ein Wort, in dem Gott denen, die an ihn glauben, seinen Frieden verheißen hat, der höher ist als alle Vernunft, und unaussprechliche Freude. Dann prüften wir uns selbst und mußten gestehen, daß uns dies noch unbekannt war. Doch wir sehnten uns nach dem Besten, das Gott zu geben hat. Wir knieten nieder, um ihn um seinen Segen zu bitten. Danach gingen wir auseinander.

Es war mir sehr ernst mit diesem Gebet. Als ich nach Hause kam, betete ich wieder zu Gott, er möge mir seinen Frieden und seine Freude schenken. Noch am selben Tag fiel mir ein Buch in die Hände. Darin wurde nachgewiesen, daß Gott diesen Segen jedem gibt, der bereit ist, ihn zu empfangen. So fand ich den Grund, warum ich ihn noch nicht erhalten hatte: Ich hatte ihm noch nicht Raum verschafft. Als ich so allein dasaß und nachdachte, wurde mir klar, daß ich Gott etwas vorenthalten hatte, was ihm gehörte. Jesus Christus hatte mich mit seinem kostbaren Blut losgekauft, ich aber hielt mich zurück und hatte mich ihm noch nicht völlig ausgeliefert. Als ich dies erkannte, kniete ich nieder und übergab Gott mein Leben mit den Worten des Liedes:

‚Nimm mein Leben, Jesu, dir
übergeb ich's für und für.'

Als nächstes galt es für mich, kindlich und einfältig zu glauben. Ich hatte Gott meine Seele hingegeben in dem Wissen, daß er sie auch erhalten wird. Konnte er nicht auch mein Leben und alles, was mir in dieser Welt gehört, bewahren? Ich merkte, meine Aufgabe ist zu glauben, nicht zu handeln. Ich brauche ihm nur zu vertrauen, dann wirkt er in mir das, was ihm gefällt. Von diesem Augenblick an wurde mein Leben anders. Gott gab mir den Frieden, der höher ist als alle Vernunft, und unaussprechliche Freude."

Berufung zum Missionar

Charles Studd hatte nie daran gedacht, sein Vaterland zu verlassen. England war ihm groß genug gewesen. Aber jetzt wurden seine Gedanken immer mehr auf Gottes Arbeitsfeld in der weiten Welt gelenkt.
Eines Tages besuchte Studd eine Missionsversammlung, in der ein nach China gesandter Missionar, McCarthy, von der Heimatgemeinde verabschiedet wurde. ,,Niemals werde ich vergessen'', sagte Studd, ,,wie eindringlich er uns darauf hinwies, daß heute Menschen gebraucht werden, die mit allem Ernst zur Verkündigung des Evangeliums bereit sind.
Ich wollte mich nicht gleich entscheiden, damit man mir nicht nachsagen konnte, ich ließe mich von der Erregung des Augenblicks treiben. So bat ich Gott nach der Missionsfeier um die Weisung durch sein Wort. Nur eines hätte mich in meinem Entschluß wankend machen können: die Liebe zu meiner Mutter. Aber dann las ich in der Bibel das Wort: *Wer Vater oder Mutter mehr liebt als mich, ist mein nicht wert*. Da wußte ich, was Gottes Wille war, und ich entschloß mich zu gehen.''
Aber es kamen noch schwere Prüfungen. Auf den stärksten Widerstand stieß Studd in seiner eigenen Familie. Für sie war schon die Bekehrung des Vaters ein regelrechter Schock gewesen. Daß nun noch einer der Söhne Missionar werden wollte, war zu viel. Auf alle mögliche Weise versuchten seine Angehörigen, Charles von diesem Schritt zurückzuhalten; sie brachten sogar christliche Prediger dazu, ihm abzuraten. Eines Abends sagte ein

Verwandter, der ihm sehr zum Segen geworden war: ,,Charles, ich fürchte, du stehst in der Gefahr, einen großen Fehler zu begehen. Du gehst jeden Abend zu christlichen Versammlungen und siehst deine Mutter kaum noch. Aber ich sehe sie. Dein Vorhaben bricht ihr das Herz. Ich glaube, du tust unrecht."

Doch Studd ließ sich nicht mehr durch menschlichen Rat umstimmen. Er antwortete: ,,Laß uns Gott fragen! Ich will nicht starrköpfig sein und aufgrund meines eigenen Entschlusses hinausgehen. Ich möchte nur Gottes Willen tun."

Für ihn war es schwer, daß ein Mann seinen Schritt mißbilligte, dem er so große Hilfe verdankte. Sie knieten nieder und legten die ganze Sache in Gottes Hand. In der Nacht konnte Charles nicht schlafen, und es schien ihm, als hörte er jemand immer wieder diese Worte sagen: *Bitte mich, so will ich dir die Heiden zum Erbe geben und der Welt Enden zum Eigentum.* ,,Da wußte ich", schreibt Studd, ,,daß Gott zu mir gesprochen hatte und dies mein Marschbefehl für China war."

Viele Freunde meinten, es sei für einen Mann wie ihn nicht richtig, sich im Innern Chinas zu vergraben. Was für einen Einfluß konnte er doch auf die Jugend Englands haben! — Wahrscheinlich hat der Teufel mit ganz ähnlicher Begründung Mose umzustimmen gesucht, als er seine Berufung erhielt. ,,Welchen Einfluß könntest du haben, wenn du im Palast des Pharao bliebest!" Aber Mose ging den Weg, den Gott ihm wies. Er gab alles auf, ging in die Verbannung und wurde zum Retter eines ganzen Volkes. Studd tat das gleiche. Und hier bestätigte sich in überwältigender Weise die Erfahrung, daß durch die Aussendung berufener Missionare die Gemeinde keine Kräfte verliert, sondern daß gerade dadurch in der Heimat neues Leben entsteht. Es kam zu einer Er-

weckung unter den Studenten aller Universitäten der englischsprachigen Welt in einem Ausmaß wie nie zuvor.
Auch die Bitten und Tränen seiner geliebten Mutter konnten Charles nicht beirren. In diesem Konflikt wäre er fast wankend geworden, hätte er nicht ein Wort von Gott erhalten, das alles endgültig entschied. Er stand eines Abends bei flackerndem Lampenlicht auf einem Bahnsteig und bat Gott in seiner inneren Not, ihm doch seinen Willen zu zeigen. Als er sein Neues Testament aufschlug, las er: *Des Menschen Feinde werden seine eigenen Hausgenossen sein.* Von diesem Augenblick an schaute er nicht mehr zurück.
Wenige Tage nach der Entscheidung hatte Studd eine Unterredung mit Hudson Taylor, dem Direktor der *China-Inland-Mission*. Er wurde als Mitglied dieser Missionsgesellschaft aufgenommen. Auch sein Freund Stanley Smith, der Vormann der Cambridge-Ruderer, hatte den Ruf Gottes vernommen. Mit ihm meldeten sich innerhalb weniger Wochen weitere fünf junge Männer, so daß man ihnen den Namen: die „Cambridge-Sieben" gab.
Diese Neuigkeit wurde in kurzer Zeit von der gesamten kirchlichen und weltlichen Presse verbreitet: Sieben junge Männer, fast alle bekannte Sportler, wollen als Missionare nach China gehen: ein in ganz England bekannter Kricketspieler, der Vormann der Cambridge-Rudermannschaft, der Schlagmann des Versuchsachters, ein Gardedragoner und ein Offizier der königlichen Artillerie.
In der ganzen Missionsgeschichte gab es keine Gruppe, mit der sich die Öffentlichkeit so beschäftigt hatte, wie mit diesen ,,Sieben''.
Im Februar 1885 reisten sie ab. Drei Monate später hätten ihre eigenen Mütter sie kaum wiedererkannt. Aus Of-

fizieren und Akademikern waren „Chinesen" geworden mit Zöpfen, Röcken und weitärmeligen Überwürfen. Die *China-Inland-Mission* war der Überzeugung, daß man die Chinesen des Inlands nur erreichen konnte, indem man sich ihnen anpaßte.

Nach weiteren vier Monaten waren die „Sieben" weit im Innern Chinas verstreut. Charles Studd ging nach Ping-yuang und Tai-Yuen im Norden des Landes. Endlose Reisen auf dem Maultier, zu Fuß oder im Wohnboot, mühsames Stapfen durch lehmigen Schlamm, Übernachten in schmutzigen chinesischen Wirtshäusern, vorübergehende Aufenthalte in verschiedenen Städten, dazu das Erlernen der Sprache, doch vor allem Tage und Stunden inniger Gemeinschaft mit Gott und seinem Wort — das war Studds Leben in den ersten achtzehn Monaten seiner Pionierarbeit in China. In dieser Zeit lernte er, ein Mann der Bibel zu werden. Von nun an war es sein Lebensgrundsatz, fast ausschließlich das Wort Gottes zu lesen und sich möglichst viele Stellen einzuprägen. Er vertraute dem Heiligen Geist, ihm die Schrift aufzuschließen.

Charles Studd verschenkt sein Vermögen

Bevor Studd England verließ, hatte er eine Unterredung mit Hudson Taylor. Nach dem Testament seines Vaters war er Erbe eines beträchtlichen Vermögens. Das Verfügungsrecht darüber sollte er aber erst nach Vollendung seines 25. Lebensjahres erhalten.

Beim Lesen der Heiligen Schrift war Studd zu einem entscheidenden und folgenschweren Entschluß gekommen. Er fand die Worte Christi: *Verkaufe, was du hast, und gib es den Armen!* und: *Ihr sollt euch nicht Schätze sammeln auf Erden.* Dann las er von den ersten Christen: *Alle, die gläubig geworden waren, verkauften ihre Güter und Habe und teilten sie aus unter alle, je nachdem einer in Not war.* Und schließlich las er die Geschichte von dem reichen Jüngling, zu dem Jesus sprach: *Eins fehlt dir. Gehe hin, verkaufe alles, was du hast, und gib's den Armen, so wirst du einen Schatz im Himmel haben, und komm, folge mir nach und nimm das Kreuz auf dich.*

Studd hatte den Eindruck, daß diese Worte für ihn ebenso bindend seien wie für die Menschen, an die sie damals gerichtet waren. So beschloß er, sein ganzes Vermögen Christus zu geben. Er wollte damit die besondere Gelegenheit nutzen, das zu tun, was der reiche Jüngling versäumt hatte.

Es war keine übereilte Entscheidung. Taylor wies ihn darauf hin, daß er seinen Entschluß verschieben könne, da er erst in zwei Jahren verfügungsberechtigt sei. Doch das kam für Studd nicht in Frage. Er hatte nicht aus einer Gefühlsregung heraus entschieden, es war für ihn ganz einfach Gehorsam dem gegenüber, was in Gottes Wort schwarz auf weiß geschrieben steht. So vergingen die zwei Jahre, und Studd verbrachte seinen fünfundzwanzigsten Geburtstag allein in Chungking.

„Eines Tages“, schreibt er, „als ich in den Evangelien las, kam ich an die Stelle, wo Christus mit dem reichen Jüngling spricht. Da schien Gott mich an mein Gelübde zu erinnern. Einige Tage später brachte mir die Post, die dort nur zweimal im Monat kam, Briefe von meinem Sachwalter und von meinem Bankier, die mich über mein Erbe unterrichteten. Gott gab mir die Kraft, ehrlich zu bleiben, und zeigte mir, was ich zu tun hatte. Jetzt verstand ich auch, warum er mich nach Chungking geführt hatte, denn um eine Schenkungsurkunde auszustellen, brauchte ich eine Vollmacht. Diese mußte von einem Staatsbeamten unterzeichnet sein. Als ich zum Konsul ging und er die Urkunde sah, sagte er: ‚Das unterschreibe ich nicht!‘ Schließlich erklärte er, er wolle mir zwei Wochen Bedenkzeit geben, und wenn ich dann noch darauf bestünde, würde er es unterzeichnen. Nach zwei Wochen legte ich es ihm wieder vor. Er unterschrieb, und — fort mit dem Zeug! Gott hat verheißen, dem, der ihm gibt, alles hundertfältig zu vergelten. Hundertfältig — das ist ein wunderbarer Prozentsatz, das sind 10 000 Prozent!“

Soweit es Studd übersehen konnte, betrug sein Erbe 29 000 Pfund (damals etwa 725 000 Mark, heutiger Wert: mehrere Millionen). Um aber im Falle eines Irrtums einen Spielraum zu haben, verfügte er vorläufig nur über 25 000 Pfund. An diesem denkwürdigen Tag, dem 13. Januar 1887, schickte er vier Schecks über je 5 000 und fünf Schecks über je 1 000 Pfund ab. So kühl und

überlegt, wie ein Geschäftsmann sein Geld in guten, sicheren und hochverzinslichen Wertpapieren anlegt, so legte Studd sein Vermögen bei der Himmelsbank an. Das war keine Torheit, sondern ein öffentliches Zeugnis vor Gott und den Menschen, daß er Gottes Wort für das Sicherste hielt, was es auf Erden gibt. Er handelte nach dem festen Glauben, daß die von Gott verheißene hundertfältige Belohnung für dieses und das zukünftige Leben eine lebendige Wirklichkeit ist.
Studd schickte 5 000 Pfund an Moody und drückte dabei die Hoffnung aus, er könne damit in Tirhoot/Nordindien, wo Studds Vater sein Vermögen erworben hatte, ein Missionswerk beginnen. Moody wollte das auch ausführen, aber es gelang nicht. Deshalb benutzte er das Geld, um das berühmte Moody-Bibelinstitut in Chikago zu gründen. Er schrieb: „Ich will das Nächstliegende tun und eine Ausbildungsstätte gründen, von der aus Männer und Frauen in alle Welt gehen können, um das Evangelium zu verkündigen."
5 000 Pfund verschenkte Studd an Georg Müller. Davon sollten 4 000 für sein Missionswerk und 1 000 für die Waisenkinder sein. 5 000 bekam George Holland in Whitechapel. Sie sollten „für den Herrn unter seinen Armen in London" verwendet werden. Studd sprach dabei die Bitte aus, Holland möge das Geld in seines Vaters Namen annehmen, der von Holland viel geistliche Hilfe erfahren hatte. Weitere 5 000 Pfund schickte Studd dem Kommissar Booth-Tucker für die Heilsarmee in Indien. Dieses Geld kam gerade zu dem Zeitpunkt an, als man dort eine Nacht lang um die dringend nötige Unterstützung gebetet hatte. Es wurde dazu verwendet, eine Abteilung von fünfzig neuen Heilsarmee-Offizieren auszusenden.
An Miß McPherson in London, Miß Ellen Smyly in

Dublin, an General Booth von der Heilsarmee, an Pfarrer Archibald Brown im Osten Londons und an die Anstalten von Dr. Barnardo sandte Studd je 1 000 Pfund. Als er nach einigen Monaten einen genauen Überblick über den Betrag seines Erbteils bekam, gab er noch einige tausend Pfund weg, hauptsächlich an die *China-Inland-Mission.* 3 400 Pfund behielt er zurück und schenkte sie kurz vor der Hochzeit seiner Braut. Sie wollte aber nicht hinter ihm zurückstehen und fragte: „Charles, was hat der Herr zu dem reichen Jüngling gesagt?"
„Verkaufe alles, was du hast!"
„Schön, dann wollen wir an unserem Hochzeitstag die Rechnung mit dem Herrn ins reine bringen." Darauf schrieben sie folgenden Brief an General Booth:
„Den 3. Juli 1888. Lieber General! Mit großem Bedauern haben wir durch die letzte Post von der ernstlichen Erkrankung Ihrer Gattin gehört. Wir denken mit inniger Teilnahme an Sie beide. Ich kann Ihnen gar nicht sagen, wie oft der Herr mich durch Ihre Bücher und Beiträge im ‚Kriegsruf' gesegnet hat. Jetzt möchten wir Ihnen den beiliegenden Scheck über 1 500 Pfund schicken. Weitere 500 Pfund gehen an Kommissar Tucker als Hochzeitsgabe. Außerdem habe ich unsere Bank, Coutts & Co., angewiesen, unser letztes irdisches Gut, 1 400 Pfund in Wertpapieren, zu verkaufen und Ihnen den Erlös zu überweisen. Von nun an ist unsere Bank im Himmel. Sie sehen, wir sind nun einmal recht ängstliche Leute. Die große Sicherheit, die Coutts & Co. und die Bank von England bieten, genügt uns nicht. Uns ist doch recht bange, daß sie am Tag des Jüngsten Gerichts bankrott machen könnten. Diesen Schritt haben wir unter ausdrücklichem Hinweis auf Gottes Wort getan, nämlich nach dem Befehl Jesu, der sagt: *Verkauft, was ihr habt, und gebt Almosen! Macht euch Beutel, die nicht veralten!* Er hat

auch gesagt: *Liebt ihr mich, so haltet meine Gebote!* Und: *Wer da sagt: Ich kenne ihn, und hält seine Gebote nicht, der ist ein Lügner.*
Nachdem wir lange gefragt haben, wem wir das Geld geben sollen, glauben wir, daß der Heilige Geist uns so geführt hat. Vor allem meinen wir, dies sei der beste Weg, Menschen zu erreichen. Diesen Weg ging auch Jesus, als er kam, um der Welt das Heil zu verkünden. Halleluja! Wir danken Gott für seine Gnade, daß wir es nicht mit Unwillen oder aus Zwang getan haben, sondern fröhlich, mit willigem Herzen. Gelobt sei der Herr! Amen.
Wir danken auch dafür, daß wir, was England betrifft, sagen können: *Silber und Gold habe ich nicht.* Wir wollen aber auch nicht wie Ananias und Saphira sein, sondern sagen Ihnen ehrlich, daß wir einen kleinen Betrag hier haben. Wieviel es ist, wissen wir im Augenblick selbst nicht.
Nun kommt das aber nicht von mir, denn die Bibel sagt: *Wenn jemand die Seinen, besonders seine Hausgenossen, nicht versorgt, der hat den Glauben verleugnet und ist ärger als ein Heide.* Ich nahm das ganze Geld und gab es meiner Frau für den Haushalt. Deshalb schickt eigentlich sie Ihnen dieses Geld, denn sie meint, der Himmel sei die sicherste Bank. Außerdem findet sie es einfacher so. Wir haben jetzt keine Sorgen mehr mit Schecks und Wechselkursen, sondern brauchen nur noch nach der Regel zu leben: *Bittet, so werdet ihr nehmen, daß eure Freude vollkommen sei.*
Nun leben Sie wohl, lieber General! Der Herr bewahre Sie, daß Sie und Ihre liebe Gattin noch viele, viele Jahre für ihn streiten können. Wir beten gemeinsam, daß der Herr Sie und alle die Ihrigen segne, die zu dem engeren und weiteren Kreis Ihrer Familie gehören. Nun bleibt uns nur noch ein Gebot unseres Herrn Jesus zu erfüllen:

Wenn du Almosen gibst, so laß deine linke Hand nicht wissen, was die rechte tut, auf daß dein Almosen verborgen sei. . . . Bei einer etwaigen Veröffentlichung im ‚Kriegsruf' bitten wir die Summe ohne Namensnennung zu vermerken, nur mit dem Zusatz: *Gehe hin und tue desgleichen!*"

Das irische Mädchen und sein Traum

Priscilla Livingstone Stewart kam 1887 mit einer großen Gruppe neuer Mitarbeiter in Schanghai an. Sie war Irin und stammte aus Lisburn in der Nähe von Belfast. Sie war temperamentvoll wie alle echten Iren, ein gesundes, lebensprühendes Mädchen. Erst achtzehn Monate zuvor war sie Christ geworden. Vorher hatte sie gemeint, der Glaube sei nichts für sie, und sie hatte sich in gesellschaftliche Vergnügungen gestürzt, wie sie damals üblich waren.

Kurze Zeit nach ihrer Bekehrung stellte sich Priscilla in den Dienst Christi. ,,Ich besuchte regelmäßig die Versammlungen der Heilsarmee'', erzählt sie, ,,und nahm an ihren Umzügen teil. Und ich kann euch sagen, es lohnte sich! Wir wurden mit alten Schuhen, mit Holz, Steinen, verfaulten Eiern und Apfelsinen beworfen. Keiner meiner Freunde, denen ich begegnete, wollte etwas mit mir zu tun haben. Alle jungen Männer, die mich kannten, gingen auf die andere Straßenseite.''

Als Priscilla eines Tages in der Bibel las in der Hoffnung, Weisung vom Herrn zu erhalten, meinte sie am Rand des Buches in leuchtenden Buchstaben die Worte zu erkennen: ,,China, Indien, Afrika.'' Diese prophetischen Worte sollten sich buchstäblich erfüllen.

Charles Studd hatte nie davon gehört, daß es einen Menschen namens Priscilla Stewart gab, als er gerade um diese Zeit nach Schanghai kam. Er schrieb damals:

„Als ich in Schanghai ankam, hielt ich Abendversammlungen in einem Heim für englische Seeleute. Miß Black, die Heimleiterin, war ein reizender Mensch. Mister Stevenson, der stellvertretende Direktor, sorgte väterlich für alle, und schließlich war noch ein junges Mädchen da. Ich hörte, sie sei im Augenblick wegen Herzbeschwerden nicht imstande, ins Landesinnere zu reisen. Nach einigen Tagen fragte mich Mister Stevenson, was ich von ihr hielte. Ich erwiderte, es sei nach meiner Meinung schon ein Fehler gewesen, sie überhaupt ausreisen zu lassen. Sie machte nämlich den Eindruck, als sei sie völlig am Ende ihrer Kräfte und dem Dienst im Innern Chinas nicht gewachsen. Schon das Treppensteigen schien sie zu erschöpfen. Später — wie wir noch sehen werden — änderte sich meine Meinung allerdings."

Schon nach einigen Monaten konnte Studd seiner Mutter schreiben: „Vor kurzem ist Miß Stewart nach China gekommen. Gott bekennt sich sichtbar zu ihrem Dienst. Überall haben sich ihr Türen aufgetan, und in manchen Häusern, in denen wohl nie zuvor jemand vor Gott gekniet hatte, konnte sie mit den Menschen beten und sie zu Jesus führen. Niemals in meinem Leben bin ich so glücklich gewesen. Ich kann den Herrn nie genug preisen, daß er mir die Gnade gegeben hat, mich mutig für ihn einzusetzen und mein ganzes Leben in seinen Dienst zu stellen. Das Leben eines Christen ist wirklich glücklich, wenn alles für Jesus geschieht."

Gemeinsam im Kampf für Jesus

Priscilla Stewart ging mit drei anderen Frauen ins Landesinnere nach Ta-Ku-Tang. Charles Studd kehrte nach Taiyuen-Fu im fernen Norden zurück. Es entspann sich ein lebhafter Briefwechsel zwischen ihnen, der nur zu einem Ziel führen konnte. Doch Priscilla war nicht ganz so leicht zu gewinnen. Der erste Brief wurde am 9. Juni geschrieben, und die Verlobung fand am 5. Oktober statt. Es blieb immer eine Streitfrage, wie es schließlich dazu gekommen war. Charles schildert die Dinge wie folgt:

,,Es wird wohl nie ganz festzustellen sein, wie es zu unserer Verlobung kam. Sie behauptet, ich hätte ihr geschrieben. Ich aber sage, sie hat zu mir gesprochen. Damit meine ich nicht mit ihren Augen oder mit ihrer Zunge — die hielt sie zurück —, sondern sie sprach zu mir durch ihre Taten. Ich habe sie nicht wegen ihres hübschen Gesichts geheiratet. Ich heiratete sie, weil sie sich ganz für den Herrn Jesus einsetzte und für die, die er durch sie retten wollte.

Ich entsinne mich noch sehr gut, wie ich an einem Nachmittag in Taiyuen mit einem Missionar zusammensaß. Wir plauderten miteinander, und er neckte mich, daß ich mit dem hübschesten Mädchen in ganz Schanghai verlobt sei. Das war, um ganz ehrlich zu sein, ein ziemlicher Schock für mich, denn ich hatte nie an ihr hübsches Gesicht dacht. Noch heute bin ich der Überzeugung, daß von allen guten Gaben, die Gott uns gibt, gutes Aussehen die unwichtigste ist.“

Priscilla hat als „urkundliche Belege“ die Liebesbriefe von Charles aus jener Zeit aufbewahrt. In einem von ihnen lesen wir:

„25. Juli 1887. Nachdem ich acht Tage allein mit Beten und Fasten verbracht habe, glaube ich, daß Du unrecht hast und Dein Entschluß nicht bestehen kann. Du wirst es selbst sehr bald spüren, wenn der Herr es Dir nicht schon gezeigt hat . . . Tag für Tag vergeht, und ich bin immer mehr davon überzeugt. Ich kann gar nicht weiter zweifeln, daß dies vom Herrn kommt. Vielleicht kannst Du Dir vorstellen, wie ich die Zeit verbracht habe, seit ich Deinen Brief erhielt: Alles andere habe ich beiseite gelegt — Arbeit, Schlaf und Essen — und nur Gottes Angesicht gesucht, um seinen Willen zu erfahren. Gott hat mich geführt und spricht täglich neu zu mir. Er gibt mir den Mut und die Kühnheit, endgültig um Dich zu werben.“

Studd schrieb bemerkenswerte Liebesbriefe an sie. Aus ihnen spricht die verzehrende Leidenschaft seines Lebens. Sie sind voll von biblischen Gedanken, von Plänen, das gemeinsame Leben nicht für sich, sondern für Christus zu leben. Priscilla war sehr feinfühlig und nahm Charles deshalb das Versprechen ab, ihre Liebesbriefe zu verbrennen. So ist nur einer übriggeblieben. Zwei der Briefe, die Charles schrieb, als er sich von einer ernsten Krankheit erholte, sind 68 und 69 Seiten lang, in winzig kleinen Buchstaben. Hier einige Auszüge:

„25. Juli 1887. Es wird kein leichtes, behagliches Leben sein, das ich Dir bieten kann, sondern ein Leben voll Mühe und Beschwerde. Wenn ich nicht wüßte, daß Du Gottes Kind bist, würde ich nicht im Traum daran denken, um Dich zu werben. Es geht darum, Mitkämpfer in Gottes Armee zu werden. Das wird ein Glaubensleben im

Kampf für Gott sein im Wissen darum, daß wir hier keine bleibende Statt, keinen sicheren Wohnsitz haben, sondern unsere ewige Heimat im Haus des Vaters dort oben ist. So wird unser Leben aussehen. Möge der Herr allein Dich leiten.“

„8. Oktober. Ehe ich fortfahre, mein Liebling, habe ich noch eine Bitte an Dich: Laß uns beide täglich um die Bereitschaft beten, uns gegenseitig an jedem einzelnen Tag unseres Lebens an Jesus abzugeben, mögen wir getrennt sein oder nicht, und daß keiner von uns den anderen zum Abgott macht.“

„14. Oktober. Ich liebe Dich, weil Du Jesus liebst. Ich liebe Dich wegen Deines Eifers für ihn und Deiner Liebe zu verlorenen Menschen. Ich liebe Dich, weil Du mich liebst. Ich liebe Dich um Deiner selbst willen, ich liebe Dich für immer und ewig. Ich liebe Dich, weil Jesus Dich gebraucht hat, um mich zu segnen und mein Herz für ihn zu entflammen. — Herr Jesus, wie kann ich Dir je genug für solch ein Geschenk danken?“

Zur Eheschließung mußten sie zum englischen Konsul an die Küste reisen. Die kirchliche Trauung wurde von dem bekannten chinesischen Evangelisten Pastor Shi vollzogen.

Wir sind im einzelnen nicht darüber unterrichtet, wie ihnen in den ersten Jahren ihrer Ehe durch Gottes Hilfe immer wieder die Mittel für ihren Lebensunterhalt zuflossen. An ihrem Hochzeitstag bestand ihr ganzer Besitz aus fünf Dollar und etwas Bettwäsche. Von einem besonderen Fall aber erzählt Charles Studd:

„Meine eigene Familie wußte von unseren Lebensumständen nur, daß wir im Herzen von China lebten. Eines Tages waren unsere Mittel aufgebraucht, und soweit wir sehen konnten, hatten wir keinerlei Aussicht auf irgend

welche menschliche Unterstützung. Der Postbote war erst in zwei Wochen zu erwarten.
Als die Kinder zu Bett gebracht worden waren, kam meine Frau ins Zimmer. Wir hatten uns die Tatsache klargemacht: Wenn uns die nächste Post keine Hilfe brachte, mußten wir hungern. So beschlossen wir, einen Gebetsabend zu halten, knieten nieder, aber verweilten nur etwa zwanzig Minuten im Gebet. In dieser Zeit brachten wir alles vor Gott, was uns bewegte, und der Druck war von unseren Herzen gewichen. Sollten die Worte keine Gültigkeit haben: *Euer Vater weiß, was ihr bedürft, ehe ihr ihn bittet,* oder: *Ehe sie rufen, will ich antworten*?
Und er antwortete wirklich. Der Postbote kam zur festgesetzten Zeit. Wir öffneten eilig den Postsack und überflogen unsere Post. Da war nichts, und wir sahen einander an. Ich faßte den Sack noch einmal an den Ecken und schüttelte ihn aus. Da kam noch ein Brief mit einer uns unbekannten Handschrift zum Vorschein. Ich öffnete ihn, und nachdem wir diesen Brief gelesen hatten, waren wir andere Menschen. Seitdem hat sich unser ganzes Leben verändert. Ich sah zuerst auf die Unterschrift — ein mir ganz unbekannter Name! Der Inhalt des Briefes aber war: ‚Aus irgendeinem Grund habe ich von Gott den Auftrag erhalten, Ihnen einen Scheck über 100 Pfund zu schicken. Ich habe Sie noch nie gesehen, sondern nur von Ihnen gehört, und auch das nicht oft. Aber Gott hat mich in dieser Nacht nicht schlafen lassen und mir seinen Auftrag gegeben. Warum er mir befiehlt, Ihnen diese Summe zu schicken, weiß ich nicht. Sie werden es sicher besser wissen als ich. Jedenfalls ist hier das Geld, und ich hoffe, es wird Ihnen gut zustatten kommen.‘ Der Mann hieß Frank Crossley. Wir waren uns weder persönlich begegnet, noch hatten wir uns je geschrieben.“

1894 kehrte Familie Studd nach England zurück, nachdem sie zehn Jahre in China gelebt hatte. Im Jahr zuvor war Charles dem Tod nahe gewesen. Auf ein paar losen Blättern (beide führten kein regelmäßiges Tagebuch) notierte seine Frau:

„27. März 1893. Charles war den ganzen Tag sehr krank. Es schien, als wolle der Herr ihn zu sich nehmen. Wir taten, was wir konnten, um ihm Linderung zu schaffen. Vergeblich. Gegen halb fünf Uhr nachmittags bat er, man möge ihn mit Öl salben. Das taten wir in Gegenwart seiner nächsten Freunde und Mitarbeiter. Gegen Mitternacht ging sein Atem leichter. Am Morgen war es viel besser."

„2. April. Ich versuchte herauszubekommen, wie Charles darüber dachte, China zu verlassen und heimzukehren. Er antwortete, der Herr habe ihm noch keinen Auftrag gegeben, nach Hause zu gehen. Es sei eine ernste Sache, den von Gott bestimmten Posten ohne unmittelbaren Auftrag von Gott zu verlassen. Diesen habe er noch nicht erhalten. Er verlasse sich auf Gott und auf niemand sonst."

Die Weisung von Gott muß im folgenden Jahr gekommen sein, wenn wir auch nicht wissen, wie dies geschah. Es war nicht leicht, mit vier kleinen Kindern mitten durch China zu reisen. Pauline, die Jüngste, war noch ein Säugling.

In den darauffolgenden fünf Jahren lebten Studds in England und den USA. Dort hielten sie Evangelisationsversammlungen, soweit es ihr Gesundheitszustand erlaubte, und versuchten unter Christen den Sinn für Missionsarbeit zu wecken.

Sechs Jahre in Indien

„Vor dem Besuch dieser Kirche wird gewarnt, es sei denn, daß der Besucher sich bekehren möchte." Das klingt, als sei von einer urchristlichen Gemeinde etwa in Philippi oder Ephesus die Rede. Aber dies gilt auch heute noch, wenn Verkündiger an die Macht des Heiligen Geistes glauben. Deshalb sprach man so von der Kirche in Ootacamund in Südindien, an der Charles Studd von 1900 bis 1906 Pastor war.
Seit seiner Bekehrung hatte er den Eindruck, daß seine Familie dafür verantwortlich sei, das Evangelium in Indien zu verkündigen. Dies war auch der letzte Wunsch seines Vaters gewesen. Studd hatte darüber schon aus China an seine Mutter geschrieben:
„George berichtete mir, wie bekannt der Name Studd in Tirhoot in Nordindien ist und wie die Leute zusammenströmten, um ihn zu sehen, als er dort war. Aber was sahen sie? Studd, den Indigopflanzer; Studd, der darauf ausging, Reichtum zu erwerben, aber nie den Studd, dem die Rettung der Einheimischen am Herzen lag. Sollten sie nicht auch Studd, den Boten Christi, sehen?"
Vincent, der alte Freund seines Vaters, redete Charles Studd zu, er solle den Wunsch seines Vaters erfüllen und nach Tirhoot gehen, um dort unter den Pflanzern das Evangelium zu verkündigen. Vincent versprach, alle Vorbereitungen zu übernehmen. Studd ging darauf ein und blieb etwa sechs Monate lang in Tirhoot, bis ihm der Dienst an der Gemeinde in Ootacamund angeboten wurde.

Besonderes Aufsehen erregte in dieser Zeit die Bekehrung eines hohen Beamten der Militärverwaltung. Dieser hatte seit dreiundzwanzig Jahren nicht mehr in der Bibel gelesen. Da wurde er von seinem kleinen Sohn überredet, in Studds Kirche zu gehen. ,,Du mußt mal Studd hören! Er spricht auf der Kanzel sogar über das Frühstücksei.“ Damit meinte er eine Illustration, die Studd gebrauchte, um zu zeigen, wie der Herr auch für die alltäglichen Bedürfnisse sorgt.

Der Vater ging dann mit in die Kirche — und das immer wieder. Daraufhin schrieb er an Studd: ,,Jeden Sonntag werde ich durch Ihre Predigten tiefer getroffen. Letzte Woche wurde mir klar, daß ich mich entscheiden mußte. Es gab einen harten Kampf zwischen Gott und mir und dem Teufel. Dem Herrn sei Dank, er hat den Sieg davongetragen.“

Die Umwandlung war so sichtbar, daß die einheimischen Diener sagten: ,,Was ist denn mit unserem Herrn geschehen? Früher fluchte er immer, und jetzt ist er so kirchlich geworden.“ Damit spielten sie auf die Hausandachten an, die er eingeführt hatte.

Durch seinen persönlichen Einsatz hatte Studd auch unter den Pflanzern ermutigende Erfolge. Aber es war recht schwierig, allen Anforderungen in den entlegenen Bezirken gerecht zu werden. Seine einfache und direkte Art, das Evangelium zu verkündigen, rührte die Herzen an. Er schrieb an seine Frau: ,,Mir wird immer wieder gesagt: ,Warum legen nicht auch die anderen Prediger das Wort so schlicht und einfach aus wie Sie?‘“

Diese ganze Arbeit leistete Studd unter unsäglichen Beschwerden. Nicht erst in Indien, sondern schon einige Jahre früher bekam er quälende Asthmaanfälle. Er schlief fast nur noch zwischen zwei und vier Uhr morgens. Nacht für Nacht mußte er aufrecht in einem Sessel

Studds Töchter: Grace Munro, Dorothy Barclay, Edith Buxton, Pauline Grubb

sitzend nach Atem ringen. „Charles ist ein Wrack", schrieb seine Frau, „schon die leichteste Bewegung führt einen Asthmaanfall herbei."
Und das war der Mann, der später den Glaubensschritt wagte, bis in das Herz Afrikas vorzudringen und dort achtzehn Jahre zu leben! Kein Wunder, daß zuerst auch seine Frau dagegen war. Allerdings ist es auch nicht verwunderlich, daß ihre liebste Aussage später lautete: „Der Gott, bei dem kein Ding unmöglich ist."
Als Familie Studd 1906 in die Heimat zurückkehrte, gab Gott ihr einen neuen Beweis dafür, wie treu er für sie sorgte. In Ootacamund hatte es keine Möglichkeit für die vier Mädchen gegeben, zur Schule zu gehen. Das mußte nun in England nachgeholt werden. Am besten erschien es, sie in ein Pensionat zu schicken. Aber wie hätten Studds die Kosten aufbringen sollen?
Achtzehn Jahre zuvor hatte das junge Paar alles, was es besaß, Gott hingegeben. Sie waren damit bis an die äußerste Grenze gegangen und hatten ihr ganzes Vertrauen auf Gottes Treue gesetzt. Wenn er ihnen jetzt nicht gab, was sie brauchten, bestand keine Aussicht, ihren Kindern eine so gute Ausbildung zu geben, wie sie selbst sie bekommen hatten. Aber sie vertrauten Gott, denn nun war die Zeit gekommen, wo sie seine Treue erproben konnten.
Sie wurden nicht enttäuscht. Gott ließ den Mädchen die Erziehung zuteil werden, die auch ihre Eltern bei entsprechenden Mitteln für sie ausgewählt hätten. Gott leitete einen reichen Mann, drei ihrer Töchter nach Sherborne auf eine der besten Mädchenschulen des Landes zu schicken. Während ihrer ganzen Ausbildungszeit wurde für sie gesorgt. Die Ferien verbrachten sie bei der Großmutter. Später konnten sie dann ihre Ausbildung in Lausanne beenden.

So wunderbar diese Fürsorge für ihre Töchter auch war, hätten die Eltern doch keinen Wert darauf gelegt, wäre nicht das Wichtigste hinzugekommen, nämlich ein persönlicher Glaube an Jesus Christus. Zwei Jahre später schreibt Charles Studd: ,,Es ist eine große Freude, zu erleben, daß alle meine Töchter auf Gottes Wegen gehen. Schon allein dafür bin ich dem Herrn jeden Tropfen meines Blutes und alle Kräfte des Leibes und der Seele schuldig. Könnte ich doch ihm ähnlicher werden!"
Pastoren und Mitarbeiter der Inneren Mission erkannten in dieser Zeit die gute Gelegenheit, durch einen hervorragenden Sportler, der zum Glauben gekommen war, weitere Kreise der Bevölkerung zu erreichen. CVJM-Gruppen, Bruderschaften, öffentliche Gesellschaften und Wesleyaner baten Studd immer wieder um Vorträge. In den Jahren von 1906 bis 1908 hat er wohl vor Zehntausenden von Männern gesprochen. Viele von ihnen kamen nur zu einem Gottesdienst, weil Studd ihnen als Sportler bekannt war. In diesen großen Versammlungen wurden die Menschen im Tiefsten aufgewühlt. Viele entschieden sich für Christus. Studds Art, von Mann zu Mann in der gewöhnlichen Umgangssprache geradeheraus zu reden, dazu sein Humor — all das machte auf die Männer stärksten Eindruck. Eine Zeitung in Birmingham, die normalerweise von Missionaren und christlichen Aktivitäten geringschätzig berichtete, überraschte ihre Leser durch folgende Bemerkung:
,,Studd ist ein Missionar, für den man sich begeistern kann. So dachten auch alle Studenten von Handsworth, die ihm zujubelten, diesem Mann mit dem schlanken Athletenkörper und dem jungen Gesicht. Nach zwanzig Jahren harten Kampfes sprudelt er über vor Leben und Humor. Da gibt es keinen Pessimismus, keine Lauheit. Er kennt nur Liebe zu Gott und Gehorsam. Er lebt, was

er lehrt. Durch alles hindurch hat er sein mutiges und heiteres Gemüt bewahrt. Keine Spitzfindigkeit bringt ihn in Verwirrung. So klar und einfach sein Reden ist, so tapfer ist sein Glaube."

Das größte Abenteuer

Wir kommen nun zum wichtigsten Abschnitt im Leben von Charles Studd. Zuerst war es China, dann Indien und nun Afrika. Der Ruf kam ganz plötzlich, während Studd sich noch mit dem Gedanken trug, nach Indien zurückzukehren. Als er 1908 eines Tages durch die Straßen von Liverpool ging, sah er ein recht merkwürdiges Plakat, das zu einer Versammlung einlud. Sofort war sein Sinn für Humor wach. „Kannibalen brauchen Missionare", hieß es da. „O ja", sagte er sich, „das brauchen sie sicher, aus mehr als einem Grund. Ich will doch einmal hingehen und sehen, wer solch ein Plakat aufgehängt hat." Es war, wie er vermutet hatte, ein Ausländer, Dr. Karl Kumm. Bei diesem scheinbar zufälligen Versammlungsbesuch hatte Gott seine Hand im Spiel, denn an diesem Tag wurde Charles Studd zur größten Aufgabe seines Lebens berufen. Er selbst schreibt darüber:
„Karl Kumm war quer durch Afrika gewandert und erzählte von seinen Erlebnissen. Im Herzen dieses Erdteils, sagte er, gibt es Stämme, die noch nie von Jesus Christus gehört haben. Forscher seien in diesen Gegenden gewesen, Großwildjäger, Araber, Händler, europäische Beamte und Gelehrte. Aber noch keine Christen, um von Jesus zu erzählen.
Wie tief schämten wir uns, als wir das hörten! Ich dachte: ‚Warum sind keine Christen hingegangen?' Gott antwortete mir: ‚Warum gehst du nicht?' — ‚Die Ärzte würden es mir nicht erlauben', sagte ich. Da erhielt ich die Ant-

wort: ‚Bin ich nicht der beste Arzt? Kann ich dich nicht hindurchbringen? Kann ich dich dort nicht behüten?‘ Da gab es keinen Einwand mehr. Ich mußte dem Ruf folgen.“

Aber wie konnte dieser Plan zur Tat werden? Studd hatte kein Geld. Er war fünfzig Jahre alt. Seit fünfzehn Jahren stand es schlecht um seine Gesundheit. Wie sollte er das Tropenklima in Afrika ertragen? Karl Kumm hatte nachdrücklich betont, wie schnell der Islam in diesen Gegenden vordrang und wie sehr es erforderlich sei, eine Reihe von Missionsstationen zu gründen, um diese Flut aufzuhalten. Charles Studd unterbreitete diesen Plan einer Gruppe von Geschäftsleuten. Er erklärte sich trotz allem, was dagegen sprach, selbst bereit, nach Afrika zu gehen und einen Vorstoß zu wagen. Der Plan wurde zwar gebilligt, und die Männer schlossen sich auch sofort zu einem Komitee zusammen, um seine Durchführung zu ermöglichen. Aber sie stellten eine Bedingung: Studds Arzt mußte seine Zustimmung geben. Genau daran schien die Sache zu scheitern. Der Bericht des Arztes sprach entschieden dagegen. Charles Studd schreibt:

„Zuviel Liebe ist manchmal ebenso schlimm wie zuviel Haß. Das Komitee verweigerte mir die Zustimmung zu meiner Reise, es sei denn, ich verspräche, nicht über Khartum hinaus in Richtung Süden vorzudringen. Sie hatten Angst um mich, denn der Arzt hatte erklärt, ich kehrte nicht zurück, wenn ich mich weiter als Khartum hinauswagte. Als ich mich weigerte, dieses Versprechen zu geben, waren sie nicht mehr bereit, mir bei meiner Ausreise zu helfen. Sie zogen die Summen zurück, die sie zu diesem Zweck in Aussicht gestellt hatten.“

So stand Studd da, mittellos, vom Arzt für untauglich erklärt, von seinem Komitee im Stich gelassen — aber von Gott beauftragt, hinauszugehen. Was sollte er tun? Sein

Gewissen gab ihm eine klare Antwort. Wieder wagte er alles im Gehorsam. Als junger Mensch hatte er seine Karriere aufs Spiel gesetzt, in China sein Vermögen, jetzt sein Leben. Für Gott setzte er alles auf eine Karte. Kein Wunder, daß er einmal schrieb: „Keine Leidenschaft ist schwerer zu heilen als die des Glücksspielers. Auch die Leidenschaft eines Menschen, der einen Totaleinsatz für Jesus wagt, ist schwer zu dämpfen. Gott sei Dank!"
Seine Antwort an das Komitee lautete: „Meine Herren, Gott hat mich gerufen, hinauszugehen. Und ich werde gehen. Ich werde in diesem unbekannten Land eine Bahn brechen. Kann ich nichts anderes ausrichten, dann mag wenigstens mein Grab ein Aufruf an jüngere Menschen sein, daß sie mir folgen." Er machte Ernst mit dem Wort seines Herrn: *Wer sein Leben verliert um meinetwillen und um des Evangeliums willen, der wird's erhalten.*
In etwa drei Wochen wollte Studd aufbrechen, aber er hatte kein Geld. Was sollte er tun? Am nächsten Tag mußte er in einer Versammlung in Birmingham sprechen. Es war bereits bekanntgeworden, daß er in wenigen Wochen ausreisen würde. Aber niemand wußte, daß alle seine Hoffnungen menschlich gesehen zusammengebrochen waren. Er berichtet darüber:
„Ich betrat das Podium ohne zu wissen, was ich unter diesen Umständen sagen sollte. Während der Leiter die Versammlung eröffnete, hörte ich plötzlich, wie Gott mich fragte: ‚Warum gehst du nicht?' — ‚Wo ist das Geld?' entgegnete ich. ‚Kannst du mir nicht darin vertrauen?' hieß es in mir. Da war es, als bräche die Sonne durch die Wolken. ‚Ja, das kann ich!', sagte ich und erhielt die Antwort: ‚Was gibt es dann noch für Schwierigkeiten?'
Inzwischen hatte der Leiter seine Einleitung beendet. Ich stand auf und redete genau so, als hätte das Komitee sein

Geld nicht zurückgezogen. Am folgenden Tag reiste ich nach Liverpool, um die Wochenendversammlungen für die *Linnacre-Mission* zu halten. Es waren gute Tage. Als ich am Montagmorgen Abschied nahm, drückte mir ein Missionsfreund, der mir bis zu diesem Wochenende ganz fremd gewesen war, zehn Pfund in die Hand. Man stelle sich meine Freude vor!

Nun reiste ich weiter nach London. Dort ließ ich den Kutscher vor einem Reisebüro halten, zahlte meine zehn Pfund und buchte einen Schiffsplatz nach Port Said. Dann telegraphierte ich an das Komitee, was ich getan hatte. Natürlich reichten zehn Pfund nicht aus für eine Reise nach Port Said, geschweige denn nach Khartum, tausend Meilen südlich davon und wieder zurück. Aber was noch fehlte, schickte Gott mir auf wunderbare Weise. Das Ergebnis war: Ich fuhr."

Studd reiste am 15. Dezember 1910 ab, und zwar ganz allein. Nicht einmal seine Frau war mit seinem Entschluß einverstanden. Aber der Herr war mit ihm. Er gab ihm frohe Zuversicht ins Herz und eine Schau für die vor ihm liegende Arbeit. Noch am selben Tag erhielt er eine erstaunliche Offenbarung. Er schreibt:

„Als wir Liverpool verlassen hatten und ich am ersten Abend in meine Kabine ging, sprach Gott in außergewöhnlicher Weise zu mir: ‚Diese Fahrt gilt nicht nur dem Sudan, sondern auch der ganzen unevangelisierten Welt.' Mein Verstand konnte es nicht fassen. Aber der Glaube spottet der Unmöglichkeit."

Damals schien durchaus kein Zusammenhang zwischen der Reise dieses Mannes in einen Winkel des Sudan und der ganzen unevangelisierten Welt zu bestehen. Heute sehen wir, daß aus dieser Reise der *Weltweite Evangelisations-Kreuzzug* entstand, dessen Missionare in allen Erd-

teilen das Evangelium verkündigen. Studd schreibt an Dr. Wilkinson:
„Ich brenne darauf, des Herrn Werk zu tun. Mir ist, als hörte ich Jesus sagen: ‚Geh hinaus und nimm Besitz von allem guten Land der Welt. Jeder Ort, auf den dein Fuß treten wird, habe ich dir zum Eigentum gegeben.' (Gott sei Dank habe ich große Füße!)"

Inzwischen schrieb Studd herzliche Briefe an seine Frau, um sie zu trösten, aufzurichten und zu ermutigen:
„Marseille, den 23. Dezember. An der Schwelle des größten Werkes für Jesus, das wir zu unserer Lebenszeit unternehmen, erklären die Ärzte, Du seist zu zart und schwach, es sei mehr oder weniger aus mit Dir. Menschlich gesprochen haben sie recht, glaube ich. Aber Jesus kann Dir Leben und Gesundheit wiedergeben, und er hat eine große Arbeit für Dich. Du brauchst nichts anderes als die Verbindung mit Jesus. Willst Du nicht von den Ärzten lassen, die Dich niemals gesund machen können, und willst Du nicht Jesus um Hilfe bitten? Liebling, gib Dich ganz in Jesu Hände! Ich glaube ganz gewiß, dann wirst Du mit mir noch rund um die Welt fahren und Tausende für Jesus gewinnen. Es gibt für Dich und mich keinen anderen Weg, als im Glauben an Jesus zu leben. Die Ärzte hätten mich mit ihren Einschüchterungen schon lange ins Grab gebracht, wenn ich auf sie gehört hätte. Aber ich lebe! Ich lebe im Glauben an Jesus und an die Macht Gottes. Mache es ebenso wie ich! Ich gehe vorwärts und traue auf ihn. Großes liegt vor uns. Verbinde Dich mit mir zu diesem Kreuzzug! Wenn wir schwach sind, dann sind wir stark. Wir müssen alle Christen zum Kampf aufrufen. Du wirst meine rechte Hand sein, ein loderndes Feuer! Du wirst die Triebkraft sein, die mich zu immer Größerem anspornt. Wir werden kämpfen, so-

lange wir leben. Dann wird uns Gott die Krone des Ruhmes geben; und Du sollst sie tragen, nicht ich. Gott segne Dich, Du einzig Geliebte! Ich liebe Dich jetzt noch mehr, als ich Dich in der Jugend geliebt habe."

„Im Januar 1911. Wir wollen uns von neuem Jesus weihen. Er hat soviel für uns getan. Vierundzwanzig Jahre lang hat er uns Kraft gegeben, für ihn zu arbeiten. Auch unsere Töchter hat er bewahrt und errettet. Möge Gott uns das als Geschenk zu unserer Silberhochzeit geben, daß wir dieses herrliche Werk für ihn in Afrika tun dürfen. Ich fürchte, wir sind oft kalt oder lau in seinem Dienst gewesen. Laß uns die nächsten zehn oder zwanzig Jahre unseres Lebens gemeinsam im Dienst für ihn dort verbringen, wo der Kampf am heißesten ist. Damit wollen wir unsere Arbeit für Jesus und für die Seelen der Menschen vollenden. Nichts anderes kann der Schlußstein sein für unser Lebenswerk. Kein anderer Abschluß ist Jesu, seines Evangeliums und unser würdig. So wollen wir, Du und ich, unsere Pflicht für Jesus tun. Andere sollen sich aufmachen und folgen. Gott segne Dich, mein Liebling!"

Zweifellos haben diese Briefe mitgeholfen, Priscilla Studd zu überzeugen, daß Gott wirklich mit ihrem Mann war, so daß sie später wieder begeistert mitarbeitete.

In Begleitung von Bischof Gwynne brach Studd in den südlichen Sudan auf. Dort trafen sie Shaw von der *CMS (Church Missionary Society).* Zu dritt reisten sie dann zweieinhalb Monate lang zu Fuß oder auf Mauleseln durch den Bahr-el-Ghazal. Der Weg führte durch ein von Malaria verseuchtes Gebiet. Von den 29 Mauleseln starben 25. Trotzdem ging es Studd auf der Reise ausgezeichnet. Als er nach Khartum zurückkehrte, hatte er jedoch einen schweren Malariaanfall.

Auf ihrer Reise hatten Studd und Shaw gesehen, daß die Menschen, durch deren Gebiet sie kamen, wirklich Hilfe brauchten; allerdings war das Land nur dünn bevölkert. Da die *CMS* bereits im oberen Stromgebiet des Nils tätig war, hatte es wohl kaum Sinn, dort weitere Missionsarbeit zu beginnen. So kam man zu dem Entschluß, daß die *CMS* zwei oder drei weitere Stationen eröffnen sollte. Unterwegs hatten sie auch erfahren, daß an der Südgrenze des Sudan, in Belgisch-Kongo, große Bevölkerungsgruppen lebten, verwahrlost und verlassen, die noch nie von Christus gehört hatten. Durch diese Nachricht beauftragte Gott Charles Studd, weiter vorzudringen. Er schreibt:

„Als ich auf der Rückreise nach Khartum den Nil hinabfuhr, sprach Gott wieder zu mir: ‚Kannst du es verantworten, jetzt zurückzukehren und den Rest deines Lebens in England zu verbringen, obwohl du weißt, daß diese Menschen noch nichts von Jesus Christus gehört haben? Wie willst du einst vor meinem Thron bestehen, wenn du das tust?‘ Dies gab den Ausschlag. Ich hatte keinen Mut mehr, in England zu bleiben.“

Anderthalb Jahre später stießen zwei Männer, der eine über zweiundfünfzig, der andere erst zwanzig Jahre alt, über die Grenze von Belgisch-Kongo direkt ins Herz Afrikas vor. Sie waren Bahnbrecher für die *Mission im Herzen Afrikas*, aus der später noch eine weit bedeutendere Missionsgesellschaft werden sollte.

Mit großer Begeisterung für diesen neuen „Feldzug“ war Charles Studd von Khartum nach England zurückgekehrt und hatte gleich begonnen, eifrig dafür zu werben. Er schrieb eine Reihe von Broschüren, die nicht nur die Richtlinien für das neue Werk festlegten, sondern von seiner leidenschaftlichen Liebe zu den Verlorenen erfüllt waren. Dadurch wurden Dutzende junger Menschen mo-

bilisiert, aufs Missionsfeld hinauszugehen. Hier einige Auszüge:
„Wir müssen zum Feldzug für Christus hinausziehen! Wir haben die Menschen, die Mittel und die Wege. Dampf, Elektrizität und Eisen haben die Länder einander nähergebracht und die Meere überbrückt. Wir beten und predigen, wir empfangen und spenden das heilige Abendmahl als Zeichen der Gemeinschaft des Leidens Christi. Triumphierend sprechen wir das Glaubensbekenntnis und singen voll Begeisterung: ‚Vorwärts, Christi Streiter! Auf zum heil'gen Krieg!' Und dann? . . . Und dann? . . . Ja, dann flüstern wir: ‚Ich bitte dich, entschuldige mich!' — Ach, was sind wir doch für großartige Schwindler!
Man nimmt an, daß fünfhundert Millionen Heiden das Evangelium noch nicht gehört haben. Aber unsere großen Missionsgesellschaften haben den Höhepunkt ihrer Wirksamkeit erreicht. Wenn sie noch nicht im Rückzug begriffen sind, denken sie doch ernsthaft daran. Und dabei sind das Innere Asiens, das Innere Afrikas und nahezu ganz Südamerika noch nicht vom Evangelium berührt.
Im vorigen Juni lagen wohl tausend Spekulanten, Händler, Kaufleute und Goldsucher an der Mündung des Kongo. Sie warteten auf die Erlaubnis der Regierung, in diese Gebiete eindringen zu dürfen, weil sich das Gerücht verbreitet hatte, daß dort viel Gold zu finden sei. Wenn solche Menschen den Ruf des Goldes so eindeutig hören und ihm folgen, — ist es dann möglich, daß die Ohren der Streiter Christi so taub sind für den Ruf Gottes und die Hilferufe sterbender Menschenseelen? Gibt es so viele Goldgräber und so wenig Schatzgräber für Gott?
Wann wird Gott einmal dem Teufel sagen können: ‚Hast du meine Christen von heute gesehen? Sie suchen nicht

mehr gierig nach Gold und Lust, nach Ehre und Wohlergehen. Von nun an werden sie ihr Blut um der Liebe Jesu willen vergießen und für die Sache meines geliebten Sohnes kämpfen, damit Menschen in Not gerettet werden.' Ja, wann werden wir uns tatsächlich zu Recht die ,kämpfende Gemeinde hier auf Erden' nennen können?"

Studd hatte folgende Grundsätze für die neue Mission aufgestellt:

,,Überzeugt davon, daß weiterer Verzug Sünde ist, haben einige Personen, die vor Gott völlig unbedeutend sind, jedoch unserem allmächtigen Herrn vertrauen, sich zu folgendem entschlossen: Aufgrund bestimmter Richtlinien der Bibel wollen wir es wagen, die Missionierung der ganzen Welt in Angriff zu nehmen. Zu diesem Zweck haben wir uns zusammengeschlossen und laden andere Christen ein, mit uns zusammenzuarbeiten. Wir freuen uns und sind dankbar für alle gute Arbeit, die andere Missionen in manchen Ländern schon tun. Unsere Aufgabe ist es, ausfindig zu machen, in welchen Teilen der Welt das Evangelium noch nicht verkündigt worden ist, um in diesen Ländern die Verkündigung so rasch wie möglich voranzutreiben. Wir arbeiten im Glauben an Christus, im Gebet zu Gott, im Gehorsam gegen den Heiligen Geist, voll Mut, Entschlossenheit und mit letzter Hingabe. Haupt, Leiter und Auftraggeber dieser Missionsgesellschaft ist der dreieinige Gott.

Wie David fünf glatte Steine aus dem Bach wählte, um Goliath zu besiegen, so haben wir die folgenden fünf Grundsätze gewählt, an die sich jeder halten muß, der sich uns anschließen will:

1. Unbedingter Glaube an die Gottheit jeder Person der Dreieinigkeit.
2. Unbedingter Glaube an die göttliche Inspiration der Heiligen Schrift Alten und Neuen Testaments.

3. Das Gelöbnis, sich in der Verkündigung auf nichts anderes zu gründen als auf Jesus Christus, den gekreuzigten, auferstandenen und wiederkommenden Herrn.
4. Gehorsam gegenüber dem Befehl Jesu Christi, alle, die den Herrn Jesus lieben, ja alle Menschen aufrichtig und ohne Ansehen der Person zu lieben.
5. Unbedingter Glaube an den Willen, die Macht und die Fürsorge des Herrn, der seine Diener in allen Situationen versorgt.

Die Mittel für dieses Werk werden von Gott allein erwartet. Niemand anderes soll jemals um Gaben gebeten werden. Bei keiner Versammlung, die von dieser Missionsgesellschaft veranstaltet wird, soll eine Sammlung für ihre Arbeit stattfinden. Wenn wir zuerst nach dem Reich Gottes und nach seiner Gerechtigkeit trachten, dann haben wir die Zusage Christi, daß Gott uns alles zukommen lassen wird, was wir brauchen. Wenn wir aber im Glauben nachlassen und irgend etwas anderes suchen, dann wäre es für uns selbst, für die Welt und für die Sache Christi am besten, daß wir so bald wie möglich aufhören, als Missionare zu arbeiten.

Wer bei uns mitarbeiten will, muß von Gott geprägt sein und darf sich nicht von der Welt beeinflussen lassen. Er ist nicht der Gehaltsempfänger eines Komitees, sondern ein Diener Jesu Christi, mit dem er die Vertragsbedingungen vereinbart hat. Er kennt keinen anderen Herrn und hat auch nicht den geringsten Zweifel daran, daß Gott ihm geben wird, was er braucht. Wenn der Tod ihn auf dem Schlachtfeld ereilt, dann sieht er dies als ein besonderes Zeichen der Gnade Christi an, der ihn schneller geehrt und befördert hat, als er von Rechts wegen hoffen durfte. So wie er von Gott erwartet, daß er ihm alles Nötige gibt, genauso soll er sich auch von Gott leiten lassen und ihm gehorchen.

Zu lange haben wir einer auf den andern gewartet. Die Zeit des Wartens ist nun vorbei! Gottes Stunde hat geschlagen! Der Krieg ist erklärt! In Gottes heiligem Namen wollen wir uns aufmachen und bauen! Der Gott des Himmels wird für uns streiten und wir für ihn. Wir wollen nicht auf Sand bauen, sondern auf den Felsen der Worte Christi, und die Hölle mit ihrem ganzen Heer soll uns nicht überwältigen. Sollen Menschen wie wir uns noch fürchten? Vor dieser ganzen Welt, dieser schläfrigen, lauen, glaubenslosen, faden christlichen Welt wollen wir es wagen, unserem Gott zu vertrauen. Wir wollen alles für ihn drangeben. Wir wollen leben und sterben für ihn. Und das wollen wir in der unaussprechlichen Freude tun, die er gibt, und ihm in unserem Herzen singen. Tausendmal lieber sterben wir und vertrauen allein auf unseren Gott, als zu leben und auf Menschen zu vertrauen. Wenn wir uns zu dieser Haltung durchgerungen haben, dann ist die Schlacht schon gewonnen und das Ende des Kampfes in Sicht. Wir wollen uns wirklich Heiligung von Gott schenken lassen und uns nicht mit abgestandenen frommen Redensarten und großartigen Gedanken zufriedengeben. Eine tiefgreifende Heiligung brauchen wir, voller Glauben und bereit zur Tat für Jesus Christus."

Bei Kannibalenstämmen

Als Studd wieder von England aufbrach, fiel ihm der Abschied von seiner Frau besonders schwer. Aber sie war eins mit ihm, das Opfer zu bringen. Am Abschiedsabend faßte Studd die Gedanken, die beide bewegten, in einem Satz zusammen, der dann das Motto der Mission wurde: „*Wenn Jesus Christus Gott ist und für mich starb, kann mir kein Opfer zu groß sein, um es ihm darzubringen.*“ Auf dem Bahnsteig, kurz vor der Abfahrt des Zuges, schrieb Studd zwei Zeilen Stegreifdichtung auf einen Zettel, den er seinem Freund, Kapitän Downes, gab. In diesen Zeilen ist der letzte Beweggrund seines Handelns treffend ausgedrückt:

„Nimm mein Leben, mach es zum Bild
des Kreuzes, das nur dich enthüllt!“

In einem Brief an Dr. Wilkinson spricht Studd von dem Feuer, das in ihm brannte:
„Das Komitee, unter dem ich arbeite, ist ein kleines, aber aktionsfähiges, ein reiches und äußerst großzügiges Komitee, das dauernd Sitzungen hält: das Komitee des Vaters, des Sohnes und des Heiligen Geistes. Wir haben einen Multimillionär auf unserer Seite, den reichsten Mann weit und breit. Als er mich zu einer Besprechung empfing, gab er mir ein Scheckbuch zu freiem Gebrauch und nötigte mich, auf ihn Wechsel auszustellen. Er versicherte mir, daß seine Firma das Gras auf dem Feld klei-

det, für die Sperlinge sorgt und daß auch die Haare auf den Häuptern seiner Kinder alle gezählt sind. Er sagte, der Inhaber seiner Firma verspreche, uns mit allem zu versorgen, was wir nötig haben. Um uns dessen zu versichern, werde einer der Teilhaber, oder besser noch zwei, jeden Mitarbeiter unserer Mission auf allen seinen Reisen begleiten und ihn nie im Stich lassen. Er zeigte mir sogar Zeugnisse von früheren Angestellten der Firma. Darunter war ein zäher, alter Bursche mit langem Bart und scharfgeschnittenen Zügen. Dieser erklärte, daß bei einer Gelegenheit Raben, bei einer anderen Engel gekommen seien, um ihn zu versorgen. Dann war da ein kleiner alter Mann, der über und über mit Schrammen und Narben bedeckt war. Er sagte, daß er unzählige Male vom Tod errettet worden war, denn er hatte beschlossen, es auf die Verheißung ankommen zu lassen, wer sein Leben für die Firma verliere, der werde es finden. Er erzählte Geschichten, die wunderbarer waren als die Geschichten aus ‚Tausendundeine Nacht': von Fluchtwegen und Nöten, von Wanderungen und Kerkerhaft. Und von all dem erzählte er mit Feuer in den Augen und einem Lachen in der Stimme und sagte: ‚Aber aus dem allem errettete mich der Inhaber.' Für Christus zu spielen sei das spannendste Spiel der Welt. Es fiele ihm schwer, jetzt ausruhen zu müssen, da seine Leidenschaft für das Spiel noch nicht erloschen sei. Aber der Inhaber der Firma befehle es und sage, er solle nicht selbstsüchtig sein; er sei nun lange genug dran gewesen und habe bei weitem die höchste Punktzahl erreicht. Jetzt sei es besser, wenn er ein wenig ausruhe, die Ausrüstung ablege und die anderen anfeure."

Der einzige Begleiter Studds war Alfred B. Buxton, der Sohn eines alten Freundes, Pastor Barclay F. Buxton. Alfred hatte gerade ein Examen in Cambridge bestanden, gab aber dann sein Medizinstudium auf, um Studd sofort zu begleiten. Zusammen reisten sie durch Kenia und Uganda zu den Ufern des Albertsees. Studd schreibt: „Wieviele Hindernisse und Schwierigkeiten gab es auf unserm Weg! Wir verstanden nichts von der Sprache der Eingeborenen, denen wir während unserer monatelangen Reise begegneten. Die belgischen Beamten sprachen französisch. Aber Buxton und ich verfügten nur über einen kümmerlichen Restbestand unseres Schulfranzösisch. Zum Glück führten wir unsere Gespräche mit den Beamter immer zu zweit. Was dem einen nicht einfiel, wußte der andere.

Unterwegs gab es viele ‚Löwen', und sie alle schauten recht grimmig drein. Aber wir dachten daran, daß auch in Bunyans ‚Pilgerreise' der Pilger ‚Christ' Löwen begegnete. Als er es wagte, trotzdem weiterzugehen, merkte er, daß sie mit unsichtbaren Fesseln gebunden waren. Einige sagten zu uns: ‚Die Belgier werden euch nicht hereinlassen, weil ihr Briten seid.' Ich antwortete: ‚Das werden wir sehen. Ich lasse es darauf ankommen.' Selbst Bischof Tucker erklärte feierlich, wir würden sicher im Kampf mit den vielen tödlichen Fiebern und anderen Gefahren, denen wir ausgesetzt seien, erliegen und niemals mit dem Leben davonkommen.

Dann stießen wir auf den ‚Löwen' des Fiebers. Mein Begleiter war nicht übermäßig kräftig, außerdem noch sehr jung, nicht ganz einundzwanzig Jahre alt. Da wir erst in Britisch-Ostafrika waren, hatten wir die eigentliche Fieberzone noch gar nicht erreicht. Aber schon dort bekam er einen hartnäckigen Anfall, der ihn eine Woche lang ans Bett fesselte. Doch wir ließen uns nicht einschüchtern. Glaube, der nur auf den Verstand baut, ist ein ‚Sohn der Magd'. Der ‚Sohn der Freien' ist Glaube, der willensstark und im Vertrauen auf die Kraft Gottes das Unmögliche wagt. So zogen wir weiter.

In Masindi brach in unserem Lager Feuer aus, das ein Zelt und andere für uns wichtige Dinge vernichtete. Dann trafen wir wieder einen anderen ‚Löwen‘, diesmal einen richtigen ‚Menschenfresser‘, der in der Vergangenheit viele Opfer gefordert hatte: Mein Begleiter erhielt ein Telegramm von Verwandten, die ihm dringlichst rieten, umzukehren. Ein anderer Missionar hatte ihnen versichert, daß Alfred viel zu jung sei und gänzlich ungeeignet, im Kongo Pionierarbeit zu tun. Der Junge stand vor der bisher schwierigsten Frage seines Lebens. — Mancher hat sich durch solche Gründe bewegen lassen, wieder umzukehren und den ewigen Siegespreis aufzugeben! Wer sich mit Menschen berät, wird leicht zu einer falschen, glaubenslosen Entscheidung geführt. Aber auf die Frage, wer zuerst kommt, der Vater im Himmel oder die Verwandten auf Erden, kann es für einen treuen Christen nur eine Antwort geben. Buxtons Entscheidung, weiterzuziehen, war die eines rechten Gottesmannes. Gott hat sich auch wunderbar zu diesem Glaubensschritt bekannt. Viele Menschen, die kräftiger und reifer waren als Alfred, kamen in das Kongogebiet und wurden immer wieder Opfer des Fiebers. Doch dieser junge Mitarbeiter hatte in den nächsten zwei Jahren nicht eine weitere Stunde lang Fieber. Und auch den Verwandten, die ihn durch ihr Telegramm zurückhalten wollten, gab Gott später Gelegenheit, ihre Haltung zu ändern: Nach zwölf Monaten schickten sie ein zweites Telegramm, worin sie ihre Freude zum Ausdruck brachten, daß ein jüngerer Bruder Alfreds sich entschlossen habe, unser Mitarbeiter in Belgisch-Kongo zu werden.“

Nach einer dreitägigen Reise durch den Urwald kamen die beiden von Masindi an den Albertsee.

„An diesem Morgen erreichten wir die Hügel, die östlich des Albertsees liegen. Jenseits der Hügel sahen wir auf der anderen Seite Belgisch-Kongo, unser ‚Gelobtes Land'. Kannst Du Dir unsere Gefühle vorstellen? Wie schön lag das vor uns; und wirklich, die Wolkensäule war darüber zu erkennen."

Sie überquerten den See. Einem anderen „Löwen" wurde das Maul gestopft: Die belgischen Beamten nahmen sie freundlich auf und erlaubten ihnen, das Kongogebiet zu betreten. Die erste Nacht im „Gelobten Land" verbrachten sie am Ufer des Sees.

„Die Dunkelheit brach herein. Zum Abendbrot aßen wir Haferbrei. Dann machten wir noch einen Gang in den Busch und versuchten, einen Bock zu erlegen, denn wir waren fast am Ende mit unseren Nahrungsmitteln. Mit Einbruch der Dämmerung begannen uns die Moskitos zu plagen. Ich schlief unter meinem Moskitonetz im Freien, mußte aber während der Nacht vor dem Regen ins Zelt flüchten. Die Fliegen summten den Diskant zu dem Grunzen und Bellen der Krokodile. Der See war kaum zwanzig Meter von uns entfernt. Ich hatte nicht gewußt, daß Krokodile überhaupt Lärm machen. Es war nicht sehr angenehm, sie so als Nachbarn zu haben. Zur Vorsicht unterhielten wir ein kräftiges Feuer zwischen uns und dem See.

Unsere Reise führte weiter durch das Stammesgebiet der wilden Balenda. Diese üben heillosen Terror gegen die Nachbarstämme aus. Es war schwer, Träger zu bekommen, und die wenigen, die mit uns kamen, wagten es nur deshalb, weil sie sich bei uns als Weißen sicher fühlten. Kurze Zeit zuvor war ein Weißer aus Uganda herübergekommen. Er wurde vor den Häuptling Julu gebracht, der ihm seine Kleider herunterreißen und ihn schlagen ließ und ihn dann nackt zurücksandte. Nicht lange nach unserer Reise durch dieses Gebiet wurde ein englischer Elefantenjäger von einem Angehörigen dieses Stammes mit

einem vergifteten Pfeil in die Schulter getroffen und starb daran.
In dieser Gegend wurden Alfred Buxton und ich einen Tag lang von unseren Trägern getrennt. Wir hatten einen falschen Weg eingeschlagen und zogen mehr als drei Stunden über ziemlich steile Hügel, zwischen denen dichtbevölkerte Dörfer lagen. Unsere Fahrräder waren uns eigentlich nur hinderlich. Wir hatten nichts zu essen, besaßen kein Geld und verstanden die Sprache der Einheimischen nicht. Wir fühlten uns völlig zerschlagen, und die Leere in unserem Magen machte sich immer empfindlicher bemerkbar. In dieser schwierigen Lage trafen wir einen Mann mit einem Korb voll roher Maiskolben und frischer Süßkartoffeln. Wir ließen uns von ihm etwas davon geben. Aber wie sollten wir bezahlen? Not macht erfinderisch. Blitzartig kam uns die Erleuchtung: Wozu haben Hosen so viele Knöpfe? Doch nur, damit man sie abtrennen und in Afrika als Zahlungsmittel geben kann. Wir schenkten ihm einige, und er zog sehr vergnügt damit ab. Wozu er sie allerdings gebrauchte oder wo seine Frau sie ihm annähte, das wußten wir auch nicht, da er ja keinerlei Kleidung besaß.
Im nächsten Dorf erregte schon das Erscheinen von bekleideten Männern — ein seltener Anblick in dieser Gegend — gewaltiges Aufsehen. Darum hatte unsere Zeichensprache einen unvorhergesehenen Erfolg: In wenigen Minuten brannte ein Feuer, ein Koch war zur Stelle, und wir waren von einer ausgelassenen Schar von Menschen umgeben. Das Kochen war beneidenswert einfach. Die Speisen wurden nicht durch fette Soßen verdorben. Unser Koch hatte weder Topf noch Pfanne, weder Rost noch irgend etwas zum Zubereiten der Speisen. Er warf sie einfach ins Feuer, drehte sie nach einer Weile um und holte sie dann wieder heraus. Wir aßen mit ausgezeich-

netem Appetit. Unsere Lebensgeister kehrten zurück, und wir hatten dieses behagliche Sättigungsgefühl, das auch Gäste eines Luxushotels empfinden. Einige Knöpfe beglichen die Rechnung. Eine Schnur aufgereihter Zähne zeigte uns, daß unsere Freunde, die uns in der Not geholfen hatten, Kannibalen waren. Aber Alfred und ich waren ja schmächtig, mager und zäh. So war die Versuchung für sie nicht allzu groß, und weder wir noch sie fielen ihr zum Opfer. Durch Gottes Gnade schieden wir als die besten Freunde und entfernten uns, von lebhaftem Beifall begleitet."

In einem weiteren Brief schreibt Studd:

„Von Kilo nach Arebi führte unser Weg durch den großen Urwald von Ituri, den auch Stanley Jones durchquerte. Dieser Wald ist zu Recht verrufen wegen seiner abschüssigen und schlüpfrigen Pfade, denen auch noch überhängende Zweige das Sonnenlicht nehmen. Die Bewohner dieser Gegend sind Pygmäen, die sich aber nicht sehen ließen. Der Wald war stellenweise ganz wunderschön. Manchmal war uns, als wanderten wir durch unendliche Dome; die Riesenbäume rechts und links bildeten die Säulen. Zuweilen hörten wir den Ruf der afrikanischen Fasane, bekamen sie aber kaum zu Gesicht und auf jeden Fall nicht in Schußweite. Mit unseren Nahrungsmitteln war es schlecht bestellt. Wir lebten nur von gebackenen Bananen, Brot und Tee.

Ich bin schon manche Pfade in meinem Leben gegangen, aber noch keinen wie den durch den Ituri-Wald. Auch eine Ziege hätte sich gefragt, wie sie da nur durchkommen soll. Die Hügel waren steil, die Pfade eine ununterbrochene Folge von Löchern und Baumstümpfen. Der Teufel hatte sich in der Nacht und am Morgen redlich Mühe gegeben, sie tüchtig einzuseifen, damit sie recht schlüpfrig waren. Obgleich wir ganz vorsichtig gingen

und wie Bergsteiger lange Stöcke benutzten, fielen wir immer wieder hin. Man dachte an nichts Böses, und bevor man wußte, wie einem geschah, streckte man plötzlich die Beine in die Luft.
Die Urwaldwanderung dauerte an sich nur elf Tage. Aber unterwegs wurden wir auf einer Waldlichtung vierzehn Tage lang aufgehalten, weil unsere Träger sich weigerten, weiterzugehen, und keine anderen zu beschaffen waren."
Aber schließlich erreichten die beiden Wanderer ihr ersehntes Ziel: Niangara, mitten im Herzen Afrikas. Neun Monate lang hatte die beschwerliche Reise gedauert. Meistens hatten sie in Zelten übernachtet. Studd schreibt über die Reise:
„Wir saßen oft in der Klemme. Aber gerade da war Gott uns am nächsten, so daß wir uns manchmal fast wünschten, wieder in Schwierigkeiten zu geraten, um zu erleben, wie Gott uns diesmal heraushelfen würde."

Im Herzen Afrikas

Sofort wurde die Arbeit in Niangara in Angriff genommen: Roden, Pflanzen und Bauen. Das erste Missionshaus war in wenigen Wochen errichtet. Es kostete ganze sechs Pfund und wurde ,,Buckingham-Palast" genannt. In diesem Haus entging Studd mit knapper Not dem Biß einer giftigen Schlage. Er schreibt:
,,Wir hatten heute morgen gerade unser Frühstück beendet, da kamen meine Hausburschen und riefen: ,Bwana, in deinem Bett ist eine Schlange!' Ich ging nachschauen und fand unter meiner Bettdecke eine kleine grünliche Schlange, deren Biß nach Aussage der Leute tödlich ist. Ich hatte die vergangene Nacht mit ihr in meinem Bett geschlafen. Da wurde ich sehr daran erinnert, wie mir kurz vor meiner Ausreise innerhalb von zwei Tagen an fünf verschiedenen Orten Psalm 91 mitgegeben wurde. Ja, Gott hatte seinen Engeln befohlen, mich zu behüten, und sie hatten über mir gewacht."
In zwei Jahren waren Studd und Buxton in das Herz Afrikas vorgedrungen. Sie hatten dort vier Arbeitsgebiete abgesteckt, die sich über einige hundert Meilen erstreckten und acht Stämme berührten. Wie wunderbar belohnte Gott das Vertrauen dieser beiden Männer, die es wagten, der Leitung des Heiligen Geistes zu folgen, und das Ergebnis ihm überließen!
Nun war die Zeit gekommen, das Land in Besitz zu nehmen und seine Menschen für Christus zu gewinnen. Studd hatte Nachricht erhalten, daß eine Gruppe von

fünf Missionaren zu ihnen unterwegs war. Darum trennte er sich von seinem jüngeren Gefährten; er wollte dreihundert Meilen über Bambili hinaus zum Kongo vorstoßen, dann siebenhundert Meilen dem Fluß bis zu seiner Mündung folgen und von dort nach England reisen, um weitere Mitarbeiter zu gewinnen. Alfred Buxton sollte auf die neuen Missionare warten, mit ihnen zusammen die Arbeit in Nala beginnen und die Eingeborenensprache weiter erforschen.

Während Studds Abwesenheit konnten am 19. Juni 1915 die ersten zwölf einheimischen Christen in Niangara getauft werden. Buxton schreibt darüber:

„Als alle Täuflinge verschiedene Fragen zufriedenstellend beantwortet hatten, gingen wir zum Fluß hinunter. Coles führte mir einen nach dem andern zu, und ich taufte sie im Namen des Vaters, des Sohnes und des Heiligen Geistes. Dann sangen wir ein Lied über die Liebe Jesu. Es klang ergreifend und friedlich und stand in seltsamem Gegensatz zu dem Knall aus Coles' Revolver. Er hatte ins Wasser geschossen, um die Krokodile zu verscheuchen."

Auch in Nala wurden sechs Monate später die ersten getauft. Jeder der achtzehn Täuflinge brachte einen großen Stein aus dem Fluß mit herauf. Die Steine wurden mitten auf der Station aufgeschichtet als Wahrzeichen dafür, daß die Täuflinge ihr Leben Gott übergeben hatten. Die Steine sind noch dort und umranden heute das kleine Grab von Noel Grubb, eines Enkelkindes von Charles Studd, das 1921 an seinem ersten Geburtstag in Nala starb.

„Jede dieser Taufen in Nala würde zu aufsehenerregenden Schlagzeilen in einem christlichen Blatt Anlaß geben: ‚Frühere Menschenfresser, Trinker, Diebe, Mörder, Ehebrecher und Zauberer gehen in das Reich Gottes ein!' In

den Gottesdiensten hörten wir erschütternde Sündenbekenntnisse: ,Ich habe mehr Sünden begangen als Raum ist in meiner Brust.' ,Mein Vater hat einen Menschen getötet, und ich habe ihn mit meinem Vater zusammen gegessen.' ,Als ich drei Jahre alt war, hat mein Vater einen Menschen getötet, und weil der meinen Bruder getötet hatte, habe ich mitgemacht, als er gegessen wurde.' ,Ich habe Zaubermittel aus den Fingernägeln eines Toten gemacht und damit einen Menschen getötet.'
Jeden, der zu uns kommt, fragen wir: ,Warum bist du gekommen? Ich sage es dir ganz offen, bei uns ist kein Geld zu holen. Unsere Leute haben gerade genug zum Leben. Doch geht es uns darum, daß Menschen Gott kennenlernen und sein Wort lesen.' Trotz dieser Begrüßung haben sie alle, vom ersten bis zum letzten, geantwortet: ,Wir machen uns nichts aus Geld. Wir suchen Gott.'"
Studd hatte seit seiner Ankunft in Afrika manche Prüfung bestehen müssen. Am härtesten traf ihn eine Nachricht von zu Hause. Kurz nach seiner Abreise war seine Frau auf einer Reise nach Carlisle schwer erkrankt. Es wurde eine starke Herzerweiterung festgestellt. Tagelang wurde sie nur durch Aufputschmittel am Leben erhalten. Dann, nachdem Lord Radstock sie besucht und im Glauben für sie gebetet hatte, ging es wieder aufwärts. Aber auch danach war sie nicht völlig geheilt. Sie blieb krank und hatte nur geringe Aussicht auf Besserung. Der Arzt erklärte, sie müsse sich für den Rest ihres Lebens in jeder Beziehung schonen. Sie solle jeden Abend um sieben Uhr zu Bett gehen und dürfe am folgenden Tag nicht vor dem zweiten Frühstück aufstehen.
Aber dies konnte Priscilla nicht daran hindern, für das neubegonnene Missionswerk tätig zu sein. Sie hatte das Beispiel ihres Mannes und seinen Glaubenssieg über alle körperliche Schwäche vor Augen. Ja, mehr als das: Sie

hatte Gottes Ruf gehört. Sie wußte jetzt, daß Gott selbst ihren Mann beauftragt hatte, dieses neue Werk zu beginnen, und daß Gott sie berief, an der Seite ihres Mannes zu kämpfen. So nahm sie trotz aller Warnungen der Ärzte in der Heimat die Zügel in die Hand. Zunächst hielt sie sich noch an die Verordnung des Arztes über die Zeit des Aufstehens und Zubettgehens. Als sich aber die Aufgaben mehrten, setzte sie sich über alle Vorschriften hinweg und stürzte sich mit ganzer Kraft in die Arbeit.

Schon von ihrem Krankenbett aus rief Priscilla Gebetskreise ins Leben und gab monatliche Flugschriften in einer Auflage von tausend Exemplaren heraus. Sie schrieb oft zwanzig bis dreißig Briefe täglich, entwarf die ersten Ausgaben des Missionsblattes der *Mission im Herzen Afrikas* (wie sich das neue Missionswerk in seinen Anfängen nannte) und übernahm dann die Schriftleitung. Ihre Töchter halfen bei der Arbeit. Der erste Vorsitzende des Missionskomitees war Martin Sutton, der Mann ihrer Tochter Grace, der aber schon ein Jahr später starb. Edith und Pauline lebten noch bei der Mutter und halfen auf verschiedene Weise. So fand Studd, als er Ende 1914 heimkehrte, ein gut geordnetes Missionszentrum in Upper Norwood vor, einem südlichen Vorort von London. Die Arbeit in der Heimat gedieh gut.

Wieder bewährte sich das Wort, daß die göttliche Torheit weiser ist, als die Menschen es sind. Innerhalb von zwei Jahren hatte ein Mann, dessen Gesundheit zerrüttet war, das Innere Afrikas erschlossen, und die Missionsarbeit in der Heimat wurde von einem Krankenlager aus geleitet. So entsprach die *Mission im Herzen Afrikas* genau dem Plan Gottes, zu dessen Durchführung nur eines notwendig ist: weder Universitätsbildung noch hohe Talente, weder Jugend noch Kraft, sondern nur Glaube. Was von

Abraham und Mose gilt, das gilt auch von Charles Studd: *Durch den Glauben* geschah, was er tat.
Zum letztenmal durchreiste Studd sein Heimatland. Er drängte die Gläubigen, sich aufzumachen und für die verlorenen Menschen in Afrika Opfer zu bringen. Studd lehnte es ab, sich zu schonen, obwohl er schwach und verbraucht war von seinen vielen Reisen und ständig unter Malariaanfällen litt. Zuweilen hatte er Fieber, wenn er das Podium betrat, aber während der Predigt sank seine Temperatur auf den Normalwert. In Colwyn Bay schreibt er:
„2. November 1915. Mein Gastgeber Hughes Jones brachte einen Arzt, der mir verbot, an diesem Abend aus dem Haus zu gehen und zu sprechen. Er erklärte, ich müsse sofort heimkehren. Ich lachte und predigte anderthalb Stunden lang. Am folgenden Tag sprach ich zwei Stunden lang in Carnarvon. Dann hatte ich drei Versammlungen in Bangor und anschließend in Aberystwyth. — O diese Bahnfahrten, so langsam und so kalt! Aber Gott ist mir immer nahe."
Studd übernahm auch die Redaktion des Missionsblattes und verfaßte aufrüttelnde Artikel. Er schrieb:
„Es gibt doppelt so viele Pfarrer und Prediger daheim für die vierzig Millionen friedlicher evangelischer Einwohner Großbritanniens, wie die Zahl der Missionare beträgt, die draußen die hundertzwanzig Millionen Heiden für Christus zu gewinnen suchen. Und doch nennen sie sich in der Heimat ‚Kämpfer für Christus'! Ich möchte einmal wissen, wie die Engel sie nennen. Diese ‚Laßt-uns-die-Briten-zuerst-retten-Brigaden' sind würdige Nachfolger der ‚Ich-bitte-dich-entschuldige-mich-Apostel'.
Christus ruft uns auf, die Hungrigen zu speisen, nicht die Satten; die Verlorenen zu retten, nicht die Verstockten; die Sünder zur Buße zu rufen, nicht die Spötter. Er ruft

uns nicht dazu auf, in der Heimat großartige Kapellen, Kirchen und Dome zu bauen und bequem auszustatten, damit dort Christen durch kluge Vorträge, liturgische Gebete und wunderbare musikalische Darbietungen in den Schlaf gewiegt werden, sondern er fordert uns auf, lebendige Kirchen aus Menschen zu bauen, mitten unter den Verlassenen. Er hat uns beauftragt, Menschen den Krallen des Teufels zu entreißen und sie aus dem Rachen der Hölle zu erretten, sie für Jesus zu werben und auszubilden und aus ihnen eine Streitmacht des allmächtigen Gottes zu machen. Aber diese Aufgabe kann nur durch einen glühenden, von konventionellen Fesseln befreiten Glauben an die Kraft des Heiligen Geistes erfüllt werden. Weder Kirche noch Staat, weder Menschen noch Traditionen dürfen vergöttert oder verkündigt werden, sondern nur Jesus Christus als der Gekreuzigte. Wir wollen Christus nicht bekennen in teuren Kragen und Talaren, mit silbernem Bischofsstab in der Hand und goldenem Kreuz an der Uhrkette, nicht durch Kirchtürme und reich bestickte Altardecken, sondern durch nicht wankenden Heldenmut im vordersten Schützengraben.
Wenn wir mit Welt und Teufel im Kampf stehen, dann ist es nicht mit netten, frommen Phrasen getan. Das wäre wie der Versuch, Löwen mit dem Luftgewehr zu erschießen. Im Kampf braucht man Männer, die sich selbst vergessen und nach links und rechts so harte Stöße austeilen, wie sie können, und dabei auf den Heiligen Geist vertrauen. Nicht bloße Worte schaden dem Teufel und erschüttern die Welt, sondern Glaube an Gottes Allmacht. Solchem Glauben kann man nichts entgegensetzen. Die Ausbildung muß nicht in Schulen, sondern auf dem Kampfplatz des Lebens erworben sein. Das brennende Herz und nicht der scharfe Verstand schlägt den Teufel. Nur die Christen zählen, deren Feuer hell leuchtet. Wer

in der Welt sein Ansehen verloren hat, der ist am besten zum Dienst für Christus vorbereitet. Ich bin mehr denn je entschlossen, keine anderen Grenzen für unsere Arbeit gelten zu lassen als die, die der Herr selbst gesetzt hat: *. . . bis an das Ende der Erde, . . . alle Völker.*
Es ist kaum zu glauben, daß er solche unnützen Knechte wie uns zu seinem Dienst gebrauchen will. Aber ihm liegt ja mehr an der Torheit des Glaubens als an Talent und Bildung. Bei Gott kommt es auf das Herz an. Irgendeine alte Rübe kann den Kopf ersetzen. Solange wir leer sind, ist es gut. Dann kann er uns mit seinem Heiligen Geist erfüllen. Der Heilige Geist verwandelt verweichlichte Christen in feurige, heldenmütige Streiter für Christus. Ohne Zeit zu verlieren, gehen sie vorwärts, kämpfen und sterben. Und sollte jemand etwas zustoßen, dann fällt er in die Arme Jesu. Solch ein Unfall ist ein besonderer Segen Gottes.
Wer auf Jesus schaut, der wird in seinen eigenen Augen wie ein Wurm sein, aber der Teufel wird ihn als gefährlichen Gegner fürchten.
‚Folge mir nach!' sagt Jesus. Wir antworten: ‚Ja, Herr!' Aber wir vergessen, daß Christus nicht das Seine suchte. Er wurde freiwillig arm, um andere zu retten; so war er der erste Missionar. Wir alle beten darum, Jesus ähnlich zu werden. Aber wir sind nicht bereit, den Preis dafür zu bezahlen. Wie kann ein Reicher Jesus ähnlich werden? Die Brosamen vom Tisch der Reichen sind kein würdiges Mahl, um es Jesus, dem König, vorzusetzen.

Leb, wer da will, in dem Bereich
von Kirche und Kapelle,
ich ziehe vor ein Rettungswerk
dicht an dem Rand der Hölle."

Im Juli 1916 war alles für Studds Rückkehr nach Afrika vorbereitet. Eine Gruppe von acht Missionaren sollte ihn begleiten. Zu ihnen gehörte seine Tochter Edith. Sie und Alfred Buxton wollten heiraten. Am 14. Juli wurde ein großer Abschiedsgottesdienst für die ausreisenden Missionare veranstaltet. Weder Studd noch seine Frau ahnten, daß er nie wieder nach England zurückkehrte und es auch für sie persönlich fast ein Abschied fürs Leben war. In den nächsten dreizehn Jahren konnten sie nur noch einmal vierzehn Tage zusammen sein.

Charles Studd wieder in Afrika

Charles Studd und seine Begleiter reisten an der Westküste Afrikas entlang bis zur Mündung des Kongo. Zuerst fuhren sie 700 Meilen auf einem Flußdampfer, dann gingen sie 300 Meilen zu Fuß durch den Urwald. Die Ankunft in Nala war für Studd ein Erlebnis, das ihn zutiefst bewegte. Als er zwei Jahre zuvor die Station, die sie gerade übernommen hatten, verließ, bestand sie nur aus ein paar einsamen Hütten mitten im Palmenwald. Er schreibt:

„In Nala wurden wir mit großer Freude empfangen. Eine bewegte Menge begrüßte uns. Zwei Jahre lang hatten sie auf mich warten müssen. Vor Sehnsucht waren sie manchmal fast krank geworden, und einige hatten schon gedacht, ich werde nie zurückkommen. Aber wenn eine lang gehegte Hoffnung sich endlich erfüllt, werden die Herzen neu gestärkt. Alle Einheimischen, Christen und Heiden, kamen uns eine große Strecke entgegen. Der liebe alte Sambo, der erste Christ in Nala, war einen ganzen Tag lang gewandert, um mich willkommen zu heißen.

Es war wie beim feierlichen Einzug eines neuen Oberbürgermeisters. Vier Männer trugen eine mächtige Holztrommel auf dem Kopf, wie sie bei den Einheimischen hier üblich ist. Obendrauf saß ein kleiner Negerjunge, der sie aus Leibeskräften schlug. Es ertönten Hörner und Gesänge, die harmonisch zusammenklangen. Und dann das Händeschütteln mit dem ‚Nalagriff'! Zuerst schüttelt man sich die Hand wie gewöhnlich, doch bevor man endgültig losläßt, umfaßt man mit der ganzen Hand den

Daumen des andern. Das ist ganz lustig, es erinnert an die berühmten beiden Schlangen, die sich gegenseitig in die Schwänze beißen. So marschierten wir geradewegs zu dem Haus, das sie für mich errichtet hatten. Dort sangen wir auf den Stufen einen Lobpreis zur Ehre Gottes. Danach genoß ich wieder einmal den Luxus eines Bades.
Ich war überwältigt von der Stille der Afrikaner während des Gottesdienstes, obwohl sie äußerst unbequeme Sitzgelegenheiten hatten. Es waren einfach zusammengezimmerte Bänke. Man saß auf drei Stangen, die im Abstand von zwei bis drei Zentimetern angenagelt waren.
Etwa sechzig Christen lebten in Nala. Nicht alle hatten dieselbe geistliche Reife, ähnlich wie in unseren Gemeinden daheim. Viele sind feine Menschen, jeder auf seine Weise. Wenn ich an die Zeit vor drei Jahren zurückdenke, als Alfred und ich allein herkamen, dann muß ich sagen: Es ist ein Wunder vor meinen Augen.
Dann machten sie einen Besuch in Niangara, wo die erste Hochzeit von Missionaren in Innerafrika stattfinden sollte. Vier Jahre lang war Alfred Buxton gewissenhaft auf seinem Posten geblieben, trotz dringender Aufforderungen, heimzukommen und seine Braut zu holen. Über die Hochzeit schreibt Studd:
,,Der Beamte konnte nicht herkommen, um Alfred und Edith zu trauen. So mußten wir eine fünftägige Reise nach Niangara antreten. Als wir die Brücke des nahen Nalaflusses überschritten, kamen mir mit Macht die Worte in den Sinn: *Ich hatte nicht mehr als diesen Stab, als ich über den Jordan ging, und nun sind aus mir zwei Lager geworden.* Jetzt waren wir vier, die nach Niangara gingen, von einer Schar einheimischer Christen begleitet. Und ließen wir nicht zehn weitere Missionare mit den anderen Christen zurück?
Der Traugottesdienst war schön und nicht allzu lang. Die

Kapelle war voll, und Braut und Bräutigam sahen so stattlich und hübsch aus, als hätte die Hochzeit in der St.-Georgs-Kirche auf dem Hanover Square stattgefunden.“

Mit welcher Freude ging Studd jetzt von neuem ans Werk! Er machte Nala zum Hauptzentrum und verteilte seine Mitarbeiter so, daß die drei anderen strategischen Mittelpunkte der Welle-Provinz, Niangara, Poko und Bambili, besetzt wurden. So hatte er seine Posten an den vier Ecken eines etwa quadratischen Gebiets, das fast halb so groß war wie England. Etwa zehn Stämme wohnten hier. In einem Brief vom April 1917 schreibt er:

„Unser Missionswerk hier ist ein Wunder. Es übersteigt einfach mein Fassungsvermögen. Überall sieht man Gottes Hand am Werk. Als wir beide vor dreieinhalb Jahren hier ankamen, waren wir Fremde. Die Einheimischen waren in groben Sünden verstrickt. Ihre Sprache mußten wir lernen. Und jetzt sind schon hundert Afrikaner zum Glauben gekommen und getauft worden. Viele Häuptlinge beginnen, in ihren Dörfern Schulen und andere Gebäude zu bauen, damit wir kommen und sie lehren. Überall finden wir eine offene Tür für uns und die einheimischen Christen.
Gerade sind wieder 81 Afrikaner getauft worden. Wir hielten schon einige Tage vor der Taufe Gottesdienste zur inneren Vorbereitung. Ich höre, daß es Leute gibt, die gern die dunklen Seiten der Missionsarbeit kennenlernen möchten. Die sollten einmal unter uns sein und die Zeugnisse der Taufbewerber hören! Beinahe jeder von ihnen bekannte, häufig Ehebruch begangen zu haben. Auch Zauberei ist an der Tagesordnung. Unter den Stämmen hier sind Ehebruch und Unzucht üblich. Es wird nicht als Sünde angesehen. Könnt Ihr Euch vorstellen, was es bedeutet, wenn die öffentliche Meinung für die Sünde Par-

tei ergreift und solche Anschauungen sich jahrhundertelang von Generation zu Generation festsetzen? Wenn in all den Jahren Selbstzucht weder gekannt noch geübt wurde, sinkt das Leben der Menschen unter den Stand der Tiere. Nun könnt Ihr Euch vielleicht ausmalen, was eine Bekehrung bedeutet. Es entsteht wirklich, wie Paulus es nennt, eine neue Kreatur, nicht bloß eine Wiederherstellung der alten Natur. Dann muß man auch bedenken, daß die Sünde der einzige Zeitvertreib ist, den die Leute hier haben, das einzige, wofür sie zu leben scheinen. Eine Bekehrung in der Heimat ist schon ein Wunder; hier ist es noch tausendmal mehr.
Am Tag vor der Taufe legten alle noch einmal feierlich ihr Glaubensbekenntnis ab und gelobten, aller Sünde zu entsagen und ihres Heilands würdig zu wandeln. Hier gebe ich Euch das Zeugnis von Jabori wieder, einem der Taufbewerber. Er hieß ‚Der von den Toten Auferstandene'. Ihr könnt Euch denken, wie wir bei diesem Ausdruck die Ohren spitzten, als er vor uns saß. Wir erkundigten uns nach seiner Geschichte und fanden viele andere, die die Tatsache bezeugten. Schließlich erzählte Jabori selbst vor allen Anwesenden:
‚Ich war ein großer Krieger und wurde immer von den Belgiern ausgesandt, um die Dörfer zu erobern und die Häuptlinge zu besiegen, deren Unterwerfung sie wünschten. Eines Tages wurde ich schwer krank, verlor das Bewußtsein und starb. Meine Freunde hatten mein Grab geschaufelt und wollten mich gerade hineinlegen, als ich aufstand und sagte: Ich habe Gott selbst gesehen. Er hat mir gesagt, daß in kurzer Zeit Engländer kommen und uns allen über den wahren Gott und über die Wahrheit berichten werden. Ich habe diese Vision vielen Leuten erzählt, die darüber sehr erstaunt waren. Deshalb reden sie von Gott als dem Engländer.'

Das alles wurde von vielen Anwesenden bestätigt. Gott spricht heute noch durch Träume zu diesen Menschen hier, wie es ja auch in Matthäus 1 berichtet wird.

Aber wenn der Tag der 81 Taufen schon ein großes Ereignis war, sollte ein noch größeres folgen. Der beste Wein kam zuletzt. Vorigen Januar zogen fünfzehn bis zwanzig Mitglieder der Kirche hier aus, um freiwillig drei Monate lang in den umliegenden Bezirken zu predigen. Jeder von ihnen erhielt die fürstliche Summe von drei Belgischen Franken pro Kopf für Kost, Verpflegung, Reiseauslagen und Nebenausgaben. Trotzdem lieferten einige von ihnen bei ihrer Rückkehr nach Nala einen Franken oder einen halben an die Kirchenkasse zurück, aus der ihr Gehalt gezahlt worden war. Das nächste Mal baten fünfzig Leute darum, zu Predigtdiensten ausgesandt zu werden.

Wir lernten, wie man hier im Herzen Afrikas evangelisiert: Wir weißen Missionare brauchen jeder fünf Träger, um unser Reisegepäck zu befördern. Die einheimischen Evangelisten tragen ihre Sachen selbst: ein Bett, aus einer Grasmatte bestehend, dazu eine dünne Bettdecke, sofern sie die überhaupt besitzen. Ihr einziger Proviantbeutel ist ihr Magen. Um den zu füllen, hängt an ihrem Gürtel ein Buschmesser und ein Becher. Ein selbstgefertigter Strohhut und ein Lendenschurz vervollständigen die Ausrüstung.

Dann fand unter dem Mangobaum eine spontane Abschlußversammlung statt. Die letzten Anweisungen, die ich ihnen gab, lauteten:

1. Wenn ihr am Tag nicht dem Teufel hilflos gegenüberstehen wollt, so begegnet Jesus vor Anbruch des Tages.
2. Wenn ihr nicht wollt, daß der Teufel euch schlägt, dann schlagt ihn mit aller Kraft, so daß er gelähmt ist und nicht zurückschlagen kann! Predigt das Wort

Gottes. Das ist die Waffe, die der Teufel haßt und fürchtet.
3. Wenn ihr nicht fallen wollt, so marschiert, — marschiert geradeaus und mit festem Schritt!
4. Drei Hunde des Teufels, mit denen er uns jagt, sind aufgeblähter Verstand, Trägheit und Begehrlichkeit.

Nach dem Schlußgebet sprangen sie auf und fragten: ‚Wie lange sollen wir fortbleiben?' Ich antwortete: ‚Wenn ihr müde werdet, kommt nach einem Monat zurück. Wenn ihr es länger aushaltet, bleibt zwei Monate. Wenn ihr drei Monate durchhaltet, ist es sehr gut!' — ‚O nein', antwortete einer mit strahlendem Gesicht und lachte fröhlich: ‚Ich komme nicht vor einem Jahr zurück.' Und ein anderer meinte:, Mich werdet ihr erst in anderthalb Jahren wiedersehen.'
Dann zogen sie los und sangen:

Ich liebe Jesus Christus,
und Jesus liebet mich.
Was ficht mich in der Welt sonst an?
So große Freud erfüllet mich. Halleluja!

Bei der Rückkehr beschrieben sie ihre Reiseerlebnisse. Der zerschlissene Zustand ihrer wenigen Kleidungsstücke war ein Beweis der Strapazen, die sie auf sich genommen hatten. Aber Sambo, der erste Christ von Nala, sagte: ‚Das waren alles nur Äußerlichkeiten, die uns die innere Freude nicht nehmen konnten.'"

Inzwischen hatte sich eine Tür zur Ituriprovinz geöffnet. Als Studd vom Kongofluß nach Nala kam, sah er sich geleitet, auf einem anderen Weg als sonst zurückzukehren. An einem Ort, an dem er haltmachte, bot ihm der Häuptling ein Stück Land an unter der Bedingung, daß er zu ihnen käme und sie lehrte. Es war der schöne Hügel von Deti, von dem aus man eine großartige Aussicht über

Wald und Steppe hat. Dies wurde die erste Missionsstation der Provinz. Von hier aus entwickelte sich die gesegnete Arbeit unter den Ituris. Bei ihnen war eine weitaus größere Aufnahmebereitschaft für das Evangelium als bei den Einwohnern der Welleprovinz.

Einer der ersten Christen war der blinde Ndubani. Um zu verhindern, daß er Häuptling wurde, hatten seine Gegner ihm roten Pfeffer in die Augen gerieben, so daß er seine Sehkraft verlor. Ndubani hatte einmal einen Traum: Am Ende einer Straße, die er entlangging, sah er Flammen auflodern, und eine Stimme sagte zu ihm: ,,Warte auf den weißen Mann mit dem Buch, der wird dir sagen, wie du den Flammen entgehen kannst.'' Seit seiner Bekehrung war er ein treuer Zeuge. Von seinem Sohn geführt, tappte er seinen Weg durch die Dörfer und predigte das Evangelium.

Der große Häuptling dieses Gebietes, Abiengama, war Kannibale und hatte noch vor kurzem vierzehn einheimische Träger gefangengenommen und gegessen. Aber als seine Hauptfrau zum erstenmal von dem großen Gott der Liebe hörte, rief sie: ,,Das habe ich immer gesagt: Einen solchen Gott muß es geben!''

Drei Jahre intensiver Arbeit waren vergangen. Dann mußte Studd sich von Alfred Buxton, seinem ,,Timotheus'', verabschieden, der zur Erholung in die Heimat reiste. Sechs Jahre hatten sie zusammen gearbeitet. Dieser junge Mann kam mit zwanzig Jahren ins Innere eines unzivilisierten Landes. Dort war er zwei Jahre lang allein, schuf eine Schriftsprache und baute unter einem unwissenden, halbnackten und hoffnungslos verdorbenen Volk die erste christliche Kirche. Charles Studd schrieb schon nach ihren ersten Missionsreisen in die Heimat: ,,Nächst Gott verdanke ich mein Leben gewiß Alfreds sorgfältiger Pflege. Sicher hat nie eine Mutter ihr Kind besser und liebevoller gepflegt als er mich. Fast zwei Jahre lang lebten wir miteinander in enger Gemeinschaft, wohnten in derselben Hütte und teilten meistens Zimmer oder Zelt. Alfred war mir immer ein treuer Sohn und Freund. Er stand mir bei in den vielen Prüfungen, Krankheiten und Schmerzen, in Verlassenheit und allen Angriffen des Teufels, die niemand erspart bleiben, weil er gegen seine noch unbezwungenen Bollwerke Sturm läuft. Welche tiefe Freundschaft, welche Freude und Liebe uns aus dieser Gemeinschaft erwachsen ist, in menschlicher wie in geistlicher Hinsicht, läßt sich nicht mit Worten beschreiben. Das weiß Gott allein."

Mit Alfred Buxton waren seine Frau und vier weitere Missionare auf Heimaturlaub gegangen. Sie hinterließen eine große Lücke. Da Krieg war, konnten während der vorangegangenen achtzehn Monate keine neuen Missionare nach Afrika kommen, und einige hatten die Mission verlassen. Eine Zeit großer Prüfungen folgte. Die Missionare litten an Mitarbeitermangel und unter Krankheit. Ganz besonders aber bereitete es ihnen Not, daß einige der leitenden Christen den Glaubensweg verlassen hatten und in Sünde lebten. Studd wurde immer mehr bewußt, wie nötig es war, daß Gott noch tiefer an den Herzen dieser Menschen arbeitete. Er schreibt:

„Hinter mir liegt eine furchtbare Zeit. Ich hatte eine ziemliche Entzündung an Armen und Beinen und viele böse Geschwüre an Füßen und Knöcheln. Aber es ist wohl nötig, daß wir zuweilen daran erinnert werden, wie wenig wir erst gelitten haben. Doch die schwersten Leiden sind Enttäuschungen. Die Enttäuschung über einen abgefallenen Christen scheint alle Lebenskraft zu rauben."

Die Unterstützung kam im Frühjahr 1920. Priscilla Studd und das Heimatkomitee spürten, wie dringend Nachschub gebraucht wurde, und begannen intensiv zu beten. Und obwohl sie noch von niemand wußten, der bereit war zu gehen, sandten sie im Sommer 1919 im Vertrauen auf Gottes Hilfe ein Telegramm ab: „Verstärkung reist noch dieses Jahr aus."

Gott erhörte sie. Sieben Tage vor Jahresschluß reiste die erste Gruppe ab. Dazu gehörten auch Studds Tochter Pauline und ihr Mann Norman Grubb. Innerhalb von zwei Monaten folgten weitere. Jetzt mußten die Männer ja nicht mehr in den Krieg. Ständig meldeten sich weitere Freiwillige für den Missionsdienst, und die Zahl der Mitarbeiter wuchs in drei Jahren von sechs auf nahezu vierzig.

Unterdessen hörte Studd immer dringender den Ruf noch unerreichter Stämme aus umliegenden Gegenden. Er hatte niemals die vielen Menschen vergessen, die sie lärmend umringten, als sie zum erstenmal auf ihren Rädern durch den Iturïwald fuhren. Nun erhielt er Bericht von einheimischen Evangelisten und Missionaren, daß Tausende das Evangelium hören wollten. Als Alfred Buxton 1921 auf das Missionsfeld zurückkehrte und die Leitung in Nala übernahm, konnte Studd weiterziehen. Mit großer Freude begann er die Pionierarbeit in der Ituriprovinz.

Gott tut Wunder

Einen Tag, nachdem Charles Studd 1916 nach Afrika zurückgereist war, wagte seine Frau einen neuen Glaubensschritt. In einem Brief hatte ihr Mann sie ermutigt, im Blick auf ihre Gesundheit Jesus zu vertrauen wie einst in China. Genau das tat sie! Sie stand im Glauben von ihrem Krankenlager auf und kehrte nicht mehr dahin zurück. Studd schreibt darüber an Alfred Buxton:
,,Mutters Wiederherstellung ist das größte Wunder, das ich kenne. Ich kann nicht sagen, welche Freude ich darüber empfinde. Sie ist jetzt wieder so, wie sie in China war. Ich habe noch nie jemanden gesehen, der so voller Tatkraft, Einsicht und Glauben ist wie sie.“
Und später schrieb er:
,,Sicher wartete Gott auf eine einfache Glaubenstat, um sie besonders zu segnen. Dies geschah gerade am Tag nach meiner Abreise, und seitdem ist sie ein anderer Mensch. Alle Krankheit wurde von ihr genommen. Sie ist wie ein Wirbelwind und übernahm neben der Leitung des Heimatzentrums auch noch viele andere Aufgaben. Gott führte sie während der folgenden Zeit in die Vereinigten Staaten, nach Kanada, Australien, Tasmanien und Südafrika. Sie dachte nur noch daran, Menschen für den Herrn zu gewinnen — und für ihre Kinder zu sorgen.“
Niemand konnte die Mission in England besser vertreten als sie. Sie sprach, als hätte sie alle Erlebnisse ihres Mannes in Afrika miterlebt. Ihre Berichte waren lebendig und kamen aus brennendem Herzen. Täglich opferte sie Chri-

stus und den Heiden den, der ihr lieber war als ihr Leben. Sie trug täglich ihr Kreuz, von dem niemand wußte: die Entfernung, die sie von ihrem Mann trennte, die Sehnsucht nach seinem Mitgefühl und seinem Rat bei der Arbeit, die Sorge, wenn er in jedem Brief von Mühen, Schwachheit und Fieber berichtete, und den Schmerz, nicht bei ihm zu sein und ihm helfen zu können.

Die Gründer der *Mission im Herzen Afrikas* gingen wirklich den Weg Christi: *Wenn das Weizenkorn nicht in die Erde fällt und stirbt, so bleibt's allein; wenn es aber stirbt, so bringt es viel Frucht.* Karriere und Vermögen hatten sie zu Anfang dem Herrn geopfert, jetzt folgten Gesundheit, Heim und Familienleben. Studd sagte zu Recht von sich: „Ich habe mein Leben überprüft und finde nichts mehr, was ich dem Herrn Jesus noch opfern könnte."

Viele, die Priscilla Studds Ansprachen bei den Jahresversammlungen hörten, vergaßen sie nie, und manche ließen sich durch ihre Worte in den Dienst rufen. Andere merkten, daß die Berichte aus dieser neuen Mission alles andere als „normal" waren. Ein Freund drückt es in einem Brief so aus:

„Wir lesen mit Interesse Euer Missionsblatt. Ihr seid, menschlich gesprochen, eine der verrücktesten Missionsgesellschaften, die es je gab. Aber wenn Normalsein bedeutet, sich nicht mehr um die Rettung von Menschen zu kümmern, dann gebe Gott, daß Ihr nie normal werdet."

Mit dem Londoner Haus in Upper Norwood hatte Gott den Studds schon ein Missionszentrum gegeben. Charles Studd sah eine deutliche Führung Gottes darin, daß er dieses Haus schon 1913 gekauft hatte, als überhaupt noch nicht an eine Missionsgesellschaft zu denken war. Eine Zeitlang war das Werk mit seinen Büroräumen dort aufs beste untergebracht. Aber als die Arbeit sich auswei-

Priscilla Studd 1921

tete, wurde das Haus zu klein für die Gäste, Missionskandidaten, zurückkehrenden Missionare und die vielen Schriften, die gelagert werden mußten. Darum wurde 1921 ein größeres Gebäude erworben, das direkt neben dem Missionshaus lag. Man konnte sieben Büroräume ausbauen, dazu einen Speicher, der während der Gebetsversammlungen fünfzig Leute faßte. Die jährliche Miete dafür betrug nicht mehr als für einen Raum in der Innenstadt von London.

1919 trat Gilbert Barclay, der Mann von Studds Tochter Dorothy, mit in die Heimatleitung ein. Das war nicht nur eine außerordentliche Hilfe für Priscilla Studd, sondern es bedeutete auch den Beginn einer neuen Epoche für die Mission. Charles Studds Blick war ja von Anfang an auf „jedes unevangelisierte Land" gerichtet, doch hatte man sich bisher auf den ersten Schritt beschränkt, auf Innerafrika. Gilbert Barclay stellte bei seinem Eintritt die Bedingung, daß das Missionswerk jetzt eine andere Bezeichnung erhielt, damit auch in anderen Ländern eine Arbeit begonnen werden konnte, sobald Gott die Mitarbeiter und Mittel schickte. Es wurde die Bezeichnung *Weltweiter Evangelisations-Kreuzzug (WEK)* gewählt. Jedes weitere Missionsfeld sollte daneben seine eigene regionale Bezeichnung führen (wie z. B. in Belgisch-Kongo: *Mission im Herzen Afrikas).* Durch Vorträge und das Missionsblatt wurde die Aufmerksamkeit in der Heimat auf die Not anderer Länder gelenkt.

Schon 1922 konnten drei junge Männer ihre Arbeit auf dem zweiten Missionsfeld des *WEK,* im Amazonasgebiet, beginnen. Sie versuchten, die Indianer im Zentrum dieses Gebietes zu erreichen, die damals zu den Stämmen zählten, die mit am schwierigsten zu erreichen waren. Es handelte sich um den versprengten Rest einer einst mächtigen Rasse. Nackt und wild lebten sie ganz versteckt im weiten Dschungel des Amazonas. Doch auch jeder von ihnen hat eine kostbare Seele, die Jesus mit seinem Blut erkauft hat. Der Bericht darüber, wie einige dieser Stämme aufgesucht und das Evangelium unter ihnen verkündigt wurde, zeugt von der Tapferkeit dieser ersten Missionare. Der Versuch, den Guajajarastamm zu erreichen, kostete Fenton Hall das Leben, doch sprangen drei junge Australier sofort in die Bresche. Zehn Jahre später gab es schon verschiedene Bibelteile in der Stammessprache, und bekehrte Guajajara brachten in verstreuten Dörfern ihren Landsleuten das Evangelium.

Kenneth Grubb und Harold Morris wurden gefoltert und verhungerten fast beim Versuch, die Arbeit unter den Parentintins zu beginnen, 1200 Meilen stromaufwärts am Amazonas. Aber sie hielten stand. Vier Jahre lang lebten Missionare unter diesem Stamm. Doch dann nahm er zahlenmäßig so ab, daß diese sich ein anderes Arbeitsfeld suchen mußten.

Allmählich wurde die Arbeit im Amazonasgebiet verstärkt. Bei Studds Tod waren dort etwa sechzehn Missionare mit einem Missionszentrum und Stationen unter drei Stämmen. Heute ist das Werk selbständig, aber die Mission unter den Indianern und Brasilianern geht weiter.

Das dritte Missionsfeld war Zentralasien. Nur zwei Männer, Jock Purves und Rex Bavington, überschritten die Grenze Nordindiens und arbeiteten dort in enger Gemeinschaft mit der von Oberst G. Wingate begründeten *Central Asian Mission*. Sie überquerten einen über fünftausend Meter hohen Paß am Himalaja und kamen in das einsame Tibet, wo außer Missionaren noch nie ein Europäer gelebt hatte. Sie lebten dort so einfach wie die Einheimischen, die Baltis. Dieses arme, halbverhungerte, vernachlässigte und schmutzige Volk suchte auf den unfruchtbaren Berghängen mühsam seinen kärglichen Lebensunterhalt. Sie waren fanatische Moslems, und nur zwei bekehrten sich, aber viele andere waren aufgeschlossen. Weitere Gebiete wurden in Angriff genommen, mußten aber vorübergehend wieder aufgegeben werden. Mit der zunehmenden Ausbreitung des Werkes stiegen auch die eingehenden Gaben. Norman Grubb, der Schwiegersohn und spätere Nachfolger Charles Studds, stellte fest, daß der Herr in den ersten zwanzig Jahren ihres Bestehens der Mission das Fünffache des Betrags zurückgab, den Studd in China geopfert hatte.

Neue Wirkungen des Heiligen Geistes

Als Charles Studd noch in China war, hatte Booth-Tucker an ihn geschrieben: „Denken Sie daran: Menschen für Christus zu gewinnen ist verhältnismäßig leicht. Weit schwieriger ist es, sie zu Jüngern zu machen, die selbst ein heiliges Leben führen und andere retten wollen."
An diese Mahnung wurde Studd bei seiner Arbeit im Innern Afrikas erinnert. Während des Aufenthalts in Nala hatte er zuerst eine Zeit erlebt, in der viele für das Evangelium offen waren und sich taufen lassen wollten. Aber dann erlebte er manche Enttäuschung. Offensichtliche Sünden machten sich breit: Trägheit und Selbstsucht, auch unter Gemeindeleitern und Evangelisten. Es war deutlich geworden, wie nötig sie ein neues Wirken des Heiligen Geistes brauchten. Nun stand er derselben Lage in der Provinz Ituri gegenüber. Studd hatte sich nie mit oberflächlicher Arbeit zufriedengegeben. Schon als junger Missionar war er erschüttert, wenn er in China bekannte Missionsstationen besuchte und feststellte, wie wenig dort von tieferem Wirken Gottes zu spüren war. Er nahm sich vor, Gott und den Menschen keine Ruhe zu lassen, bis Gott ein neues Wirken des Heiligen Geistes schenkte. Nach der Schrift erklärte er Glauben, der keine Werke hervorbringt, ohne Umschweife für unecht.

Den Maßstab biblischer Forderungen legte Studd nun an Tausende in Ibambi, die sich zu Christus bekannt hatten.

„Wir sind sehr unzufrieden mit dem Zustand der hiesigen Gemeinde. Es ist ja ganz schön, Lieder zu singen und zum Gottesdienst zu kommen. Aber was wir sehen *müssen,* das sind Früchte des Geistes, verwandeltes Leben, ein neues Herz, Haß gegen die Sünde und leidenschaftliches Verlangen nach Gerechtigkeit. Gott kann es schenken, und wir dürfen uns nicht mit weniger zufriedengeben. Wir brauchen das kraftvolle Wirken des Heiligen Geistes, daß er alles erfüllt und prägt, und wir werden es erleben. *Jesus kann auf ewig selig machen, die durch ihn zu Gott kommen.* Es geschieht also zu Gottes Ruhm. Und ebenso geschieht es zu seiner Schande, wenn Christen, Weiße oder Schwarze, nicht im Geist Jesu leben, dem Geist der Heiligkeit, der Opferbereitschaft und des Dienens.
Die Gläubigen hier möchten der Hölle und dem Teufel entfliehen. Sie haben ihre elende, schmutzige Zauberei aufgegeben, und das ist keine Kleinigkeit. Sie sind durch das Rote Meer gegangen und haben ihre Freudenlieder gesungen, sie sind in der Wüste angekommen, und nun begegnen sie Versuchung und Kreuz und beginnen zu murren. Ein leitender Christ ist ausgepeitscht worden, und jetzt schreien sie: ‚Alle Christen werden ausgepeitscht!' Da ist über viele eine große Furcht gekommen, so daß sie nicht länger Christus nachfolgen, sondern fliehen. Dem Betroffenen selbst fiel es schwer, für Christus zu leiden. Er sah es durchaus nicht als Vorrecht an.
Auch andere negative Entwicklungen zeigten sich. Eine der schlimmsten Sünden dieser Menschen ist entsetzliche Trägheit. Herumsitzen und schwatzen, das wollen alle. Arbeiten halten sie für Dummheit. Es ist ja viel klüger, andere arbeiten zu lassen. Ihr Christwerden hat daran nichts geändert. Jeder drückt sich, wo er kann.
Und wo ist ihre Liebe zu Gott? Ja, sie singen und spre-

chen wohl davon, aber wenn es sich darum handelt, für Gott Opfer zu bringen, für ihn zu arbeiten, dann schwindet ihre Liebe dahin. Auch zeigt sich bei ihnen ein großer Mangel an Gottesfurcht. Diese besteht darin, das Böse zu hassen; und Liebe zu Gott darin, die Gerechtigkeit zu lieben. Es gibt vielleicht auch gottesfürchtige Menschen hier, aber sie sind so selten wie ein weißer Rabe. Im allgemeinen scheinen sie so zu denken: Wir sind ja nun getauft und somit im Blut des Lammes gewaschen; deshalb müssen wir auch in den Himmel kommen. Lügen, Betrügen, Stehlen, Ehebruch und Unzucht ändern nichts mehr daran.

Wie steht es nun mit diesen Menschen? Ich selbst habe darüber keinen Zweifel, denn es ist uns gesagt worden, daß wir sie an ihren Früchten erkennen sollen. *Wer Christi Geist nicht hat, der ist nicht sein,* und: *Welche der Geist Gottes treibt, die sind Gottes Kinder,* und: *Ohne Heiligung wird niemand den Herrn sehen,* und: *Weichet von mir, ihr Übeltäter!*

Welcher Kraft bedarf es doch, einen Menschen in so heidnischer Umgebung zu retten! Er muß neues Leben erhalten, das Leben aus Gott, und ein neues, reines Herz. Er muß eine neue Kreatur werden, er muß göttliche Liebe und göttlichen Haß haben. Als Christ leben zu wollen ohne die genannten Forderungen, wäre ebenso unsinnig, als wollte man hundert Meter oberhalb der Niagarafälle in einem Ruderboot das andere Ufer erreichen."

Zur selben Zeit trat eine andere ernste Krise auf. Einige Missionare widersetzten sich der festen, nachdrücklichen Forderung Studds, die Gläubigen müßten ein Leben praktischer Heiligung führen. Andere Mitarbeiter waren nicht bereit, nach den Grundsätzen der Mission in kindlichem Glauben und äußerster Opferbereitschaft zu leben.

Das bedeutete, wie die Einheimischen zu wohnen, sich mit einfacher Nahrung zu begnügen, auf Ferien und Erholung zu verzichten, um sich ganz der einen großen Aufgabe zu widmen: die Heiden für das Evangelium gewinnen. Im geheimen regte sich Opposition gegen Studds Art, die Mission zu leiten. Es endete damit, daß Studd sich gezwungen sah, zwei Missionare zu entlassen, während mehrere andere freiwillig ausschieden. Studd schreibt:
,,Solange ich im Sattel sitze, habe ich vor zu reiten und die andern zum Reiten anzutreiben. Wir können nicht auf einem behaglichen Ruhebett in den Himmel getragen werden. Wir wollen entweder nach dem Grundsatz leben: Laßt uns essen und trinken, denn morgen sind wir tot! oder: Laßt uns Leben und Tod und alles, was wir haben, für unseren Herrn Jesus wagen! Wir können hier nur wagemutige Kämpfer gebrauchen. Wer murrt, der soll nach Hause gehen!
Ich fürchte sehr, daß anstelle des göttlichen Feuers Rauch und Dampf unter uns sind. Ich glaube, es ist dringend nötig, daß manche unter uns gefestigter werden. Es wird viel zuviel Zeit für die Sorge um das Essen verwandt. Und zu oft ist die ursprüngliche Haltung zu äußerster Opferbereitschaft nicht mehr vorhanden, und man will lieber sich selbst leben.
Es gilt, unsere äußersten Kräfte anzuspannen. Wir müssen immer auf dem Wellenkamm bleiben, und das um so mehr, als um uns her alles im Wellental der Sünde schwimmt. Das Wunderbare ist, daß Gott uns dazu erzieht, die Opfer nicht nur auf uns zu nehmen, sondern sie mit Freude zu tragen und zu noch größeren Opfern bereit zu sein. Wir wollen bei der großen Hochzeitsfeier des Lammes zugegen sein. Wie sehr werden wir dann wünschen, mit denselben Kleidern angetan zu sein wie er!

Aber wir müssen darauf achten, daß wir die durchbohrten Hände und Füße, die von Dornen zerstochene Stirn und das verwundete und gebrochene Herz haben. Mögen wir dann verachtet sein, wie er auf Erden verachtet war, mögen wir uns selbst verachten, wozu wir allen Anlaß haben, so werden wir doch nicht von ihm verachtet werden, den unsere Seele liebt.''

Es waren Tage harten Kampfes. Selbst einige Mitglieder des Heimatkomitees waren nicht mit Studd einverstanden. Seine kompromißlose Ablehnung, mit den andersdenkenden Mitarbeitern zu verhandeln, seine Weigerung, selbst nach Hause zu kommen, wenn es ihm Gott nicht befehle, seine Gleichgültigkeit menschlichen Ansichten gegenüber, seine Entschlossenheit, an den ersten Grundsätzen der Mission festzuhalten, auch wenn alle ihn verließen — das alles schrieben sie der Einwirkung des Fiebers und der Überanstrengung zu.

Diese Erlebnisse waren für Charles Studd wie ein Gethsemane. Hin und wieder klingt aus seinen Briefen, was es ihn kostete, mißverstanden zu werden, und wie er sich danach sehnte, daß ein neuer Geist lebendig werde. Er schreibt:

„Manchmal meine ich, mein Kreuz wird unerträglich schwer, ganz besonders in der letzten Zeit. Es ist mir oft in meiner Angst, als müsse ich unter diesem Druck zusammenbrechen. Aber ich hoffe, weiterzukämpfen und nicht zu erliegen. Mir ist, als werde mein müdes Herz zusammengepreßt, als gäbe es keine Hoffnung mehr auf Heilung. In meiner tiefen Einsamkeit wünsche ich oft, ich könnte heimgehen. Aber Gott weiß am besten, was gut für mich ist, und ich will alles tun, was er mir aufträgt."

Und in einem anderen Brief:

„Wie verändert die Liebe alles! Der Heiland kannte ihre

Macht und gab uns das Gebot, zu lieben. Können wir denn hier draußen nicht lieben? Müssen wir den Herrn durch unwürdigen Argwohn untereinander verleugnen? Argwohn subtrahiert, Glaube addiert, aber Liebe multipliziert. Sie segnet doppelt: den, der empfängt, und den, der gibt. Daß doch die Liebe uns alle regiere! Daß jeder jeden liebte und auf das Wohlergehen des andern bedacht wäre und wie Paulus die Leiden und Sorgen des andern auf sich nähme! Das soll die Regel der *Mission im Herzen Afrikas* sein. Dann gibt es für sie außer dem Gebot der Liebe keine anderen Gebote, denn sie sind automatisch miteingeschlossen. Gott hat seine Diener zu einer Feuerflamme gemacht, nicht zu ‚Flammen', sondern zu ‚einer Flamme'. Wir müssen eine Einheit sein, sonst kann der Herr nicht so segnen, wie er segnen möchte."

Der Durchbruch kam. An einem Abend im Jahre 1925 wurde eine neue Mission geboren, oder – besser gesagt – die ursprüngliche Mission wurde wiedergeboren. Nun war der Ausgang des Kampfes entschieden. Gott hatte begonnen, eine neue Generation von „Unbesiegbaren" zu rufen, die mit demselben Geist erfüllt waren wie einige Männer und Frauen des Alten Testaments. Sie lebten nach dem Wort: *Komme ich um, so komme ich um,* und wieder andere: *Unser Gott kann uns wohl erretten, und wenn er's nicht tun will, so wollen wir doch nicht deine Götter ehren.*

An diesem Abend kam Studd mit sorgenbeladenem Herzen zur Gebetsstunde in Ibambi. Er hoffte so oder so auf einen Durchbruch, der die Hindernisse beseitigt und dem Heiligen Geist Raum schafft, um das Werk von neuem zu beginnen. Acht Missionare waren mit ihm versammelt. Sie lasen miteinander Studds Lieblingskapitel von den Glaubenshelden in Hebräer 11.

„Aber können Menschen wie wir mit solchen Helden auf

den ‚goldenen Straßen Jerusalems‘ gehen? Ist das möglich? Dieses Vorrecht soll denen zuteil werden, die ‚würdig‘ sind. Dann gibt es auch für uns noch eine Möglichkeit. Halleluja! Die Herzen begannen zu brennen, entzündet durch die wunderbaren Taten dieser Glaubenshelden. Welche Opfer hatten sie gebracht! Wie hatte Gott sie geehrt und gesegnet und zum Segen für andere gesetzt – zu ihren Lebzeiten, und jetzt heute abend! Was war das für ein Geist, durch den sie so triumphierten und so starben? Es war Gottes Heiliger Geist. Seine wesentlichen Kennzeichen sind: Glaubensmut, Tapferkeit, Bereitschaft zum Opfer für Gott und Freude, die alle menschliche Schwachheit und alle natürlichen Regungen des Fleisches kreuzigt. Das brauchen wir heute abend! Wird Gott uns schenken, was er jenen Glaubenshelden geschenkt hat? Ja! Unter welchen Bedingungen? *Verkaufe alles!* Gott kennt nur diesen Preis. Hier gibt es keine Prozente. Denen, die alles hergeben, gibt er alles.“

Aber wie sollte man solch eine Forderung erläutern? Die Rede kam auf den Weltkrieg und das Heldentum von Soldaten, die auf Kommando ihres Vorgesetzten aus den Gräben stürmten. Dabei wußten sie, wie unwahrscheinlich es war, lebend zurückzukommen. Wie sollte man diesen todesmutigen Geist beschreiben? Studd fragte die in der Gruppe, die im Krieg Soldat gewesen waren, und einer antwortete: „Nun, der Unteroffizier würde es etwa so beschreiben: Der Soldat kümmert sich keinen Pfifferling darum, was mit ihm selbst geschieht, wenn er nur seine Pflicht tut für König, Volk und Vaterland.“

Diese Worte waren der Funke, der gerade noch fehlte, um das Feuer zu entzünden. Studd sprang auf, hob den Arm und rief: „Genau diese Einstellung brauchen wir. Danach sehne ich mich. Ja, Herr, von nun an will ich mich nicht darum kümmern, was aus mir wird. Ich frage

nicht mehr nach Leben, Tod oder Hölle, wenn nur mein Herr Jesus Christus verherrlicht wird!"
Ein Mitarbeiter nach dem andern stand auf und gelobte: „Ich kümmere mich nicht darum, was mit mir geschieht, – ob Freude oder Kummer, Gesundheit oder Schmerz, Leben oder Tod, wenn nur Jesus verherrlicht wird."
Sie beteten nochmals miteinander, dann erhoben sich alle, um auseinanderzugehen. Eine neue Gemeinschaft verließ an diesem Abend die Hütte. Gott hatte diese Menschen verändert. Auf den Gesichtern lag ein Lachen, ihre Augen leuchteten vor Freude und unbeschreiblicher Liebe. Denn jeder war ein Streiter geworden, ein Todgeweihter zur Verherrlichung des Retters und Königs Jesus, der selbst für ihn gestorben war. Die Freude am Kampf hatte von ihnen Besitz ergriffen; jene Freude, die Petrus „unaussprechlich" nennt.
Der Segen breitete sich bis zu den entferntesten Stationen aus. Von dieser Zeit an herrschte unter den Mitarbeitern des Missionswerks Einigkeit, Liebe, Opferbereitschaft und Eifer für die Rettung von Menschen. Es gab kein Murren, wie knapp das Geld auch sein mochte, man hörte nur Worte des Lobes und Gottvertrauens. Jeder ließ sich nur schwer bewegen, in Urlaub zu gehen, es sei denn, seine Gesundheit machte es dringend erforderlich. Und wenn jemand in die Heimat kam, fragte er nicht zuerst: „Wie lange kann ich ausruhen?", sondern: „Wie kann ich hier bei der Arbeit helfen?" und: „Wie bald kann ich zurückkehren?"
Den Ehepaaren galt ihre Arbeit mehr als ihr Familienleben. Ein junges Paar bot wenige Tage nach der Hochzeit an, sich für einige Zeit zu trennen, um auf verschiedenen Stationen zu arbeiten, die aus Mangel an Missionaren unbesetzt waren. Weil nicht genügend Männer da waren, gingen Frauen in weit entlegene Dörfer, um zu evangeli-

sieren. Der schlimmste Kannibale, der sich schätzungsweise hundert Menschen „einverleibt“ hatte, wurde von einer Missionarin, die in sein Dorf kam, zu Christus geführt. Zwei der blühendsten Missionsstationen mit zeitweise bis zu 1500 Gottesdienstteilnehmern wurden von alleinstehenden Frauen geleitet.

An einigen Orten, wo zwei Missionare wohnten, trennten diese sich freiwillig, damit der eine weiterziehen und in einem neuen Gebiet die Arbeit aufnehmen konnte, obwohl normalerweise jede Stelle mit zwei Mitarbeitern besetzt sein sollte. Sogar wenn die Missionare schmerzliche Verluste erlitten, lobten, ehrten und priesen sie am Grabe Gott. Ein junger Missionar, der schon wenige Wochen nach der Hochzeit seine Frau verlor, beerdigte sie selbst und dankte Gott, daß sie jetzt vor seinem Angesicht erscheinen dürfe. Er sprach mit großer Siegeszuversicht. Zwei Nonnen, die dabeistanden, gestanden später, er habe im Glauben eine Festigkeit bewiesen, von der sie nichts wüßten.

In kurzer Zeit breitete sich der Segen auch über die einheimische Gemeinde aus. Studd war wieder der Bahnbrecher. Er reiste umher, rief zu echter Buße und der Bereitschaft auf, alle Sünden abzulegen. Dieser Aufruf drang so tief in die Herzen ein wie nie zuvor. Die Menschen wurden von der Furcht Gottes erfaßt. Die bequeme und leichtfertige Art war vorbei, mit der bisher viele solch einem Aufruf begegnet waren. Jetzt verstanden sie, was es kostete, Christus nachzufolgen. Zwar waren es zunächst nur einzelne, die dem Ruf folgten, doch welche Veränderung zeigte sich bei ihnen! Hier spürte man deutlich die Auswirkungen des Heiligen Geistes, um den die Missionare gebetet hatten: im Leuchten auf den Gesichtern, durch ein neues Gebetsleben und den Haß gegen Sünde. Wo sich Unehrlichkeit, Unreinheit oder Sünden noch in

ihrer Mitte fanden, wurden sie bloßgestellt. Die Arbeiten auf der Missionsstation wurden willig und gut ausgeführt. Gottes Geist drängte viele Einheimische, zu evangelisieren.
„Jetzt ist endlich eine sichere Grundlage für die Arbeit gelegt", schrieb Studd, „nun wollen wir kräftig weiterarbeiten. Ja, es ist gut, im harten Kampf für Jesus zu stehen."

Adzangwe war früher einer der gefürchtetsten und bösartigsten Kannibalen. Auf seinem Gesicht stand seine Vergangenheit noch deutlich geschrieben, obwohl er sich schon mehrere Jahre zu den Gläubigen bekannt hatte. In dieser Zeit wurde er auf wunderbare Weise verwandelt; sein ganzes Gesicht strahlte. Er übernahm die Leitung einer Gemeinde, zu der fünfhundert Christen zählten. Als er den Häuptlingen benachbarter Stämme das Evangelium verkündete, kam er ins Gefängnis. Durch sein Zeugnis wurden mehrere Mitgefangene gerettet. Er und Studd, die unter so verschiedenen Bedingungen aufgewachsen waren, wurden Brüder.
Adzangwes Beispiel wirkte in seiner Gemeinde so ansteckend, daß bis zu fünfzig andere Evangelisten ausgesandt werden konnten. Für ihren Unterhalt kamen die afrikanischen Christen auf. Manche von ihnen arbeiteten unter entfernt lebenden Stämmen.
Bis nach Studds Tod hielt dieser Eifer unter den Christen an. Manchmal verbrachten Christen eine ganze Nacht im Gebet. Sie erklärten, sie hätten oft nächtelang für den Teufel getanzt und wollten jetzt die ganze Nacht zu Gott beten.
Studd sah seinen Wunsch in Erfüllung gehen. Im Innern Afrikas entstand eine heilige, geisterfüllte Gemeinde Jesu. Während der letzten fünf Jahre seines Lebens

führte er mehr und mehr Menschen zu Jesus. Sie sollten mit dem Heiligen Geist erfüllte Kämpfer für Christus werden. Auf diese Jahre lassen sich die Worte anwenden: *Der Eifer um dein Haus wird mich verzehren.* Studd lebte ganz nach seinem Gelübde, nur für Christus dazusein und Menschen für ihn zu gewinnen. Was sonst im Leben des Durchschnittsmenschen breiten Raum einnimmt, spielte bei ihm eine geringe Rolle: Essen gab es nur dann und wann, er schlief etwa vier von vierundzwanzig Stunden, hatte keinen Tag Urlaub in dreizehn Jahren. Seine Kleidung war sonntags und alltags gleich: Khakijacke, Hemd, Kniehosen und Socken. An Büchern las er hauptsächlich die Bibel.

Studds Alltag

Der Name Ibambi wird im Herzen Afrikas für immer verbunden sein mit dem Namen „Bwana Mukubwa" (großer Häuptling), den die Einheimischen Charles Studd gaben. In Ibambi verbrachte er die letzten Jahre seines Lebens. Er wohnte in einer runden Hütte aus gespaltenen, mit Pflanzenfasern zusammengebundenen Bambusstäben. Die Hütte hatte ein Grasdach und einen rissigen, immer wieder ausgebesserten Lehmfußboden. Studd benutzte ein Bett wie die Einheimischen. Statt Sprungfedern hatte es schmale Streifen aus Ziegenfell, die am Holzrahmen befestigt waren. Darauf lagen sieben oder acht khakifarbene, vom Alter zerschlissene Decken. Sie dienten teils als Matratze, teils als Bettdecke. Am Kopfende lag ein ganzer Stoß harter, dünner Zelttuchkissen. In der Nähe des Bettes stand ein selbstgezimmerter Tisch mit verschiedenen Fächern für alle möglichen Gebrauchsgegenstände: Schere, Messer, Medikamente, Papier, Uhr, Brille und alte Kondensmilchdosen, gefüllt mit Federhaltern, Bleistiften und dergleichen. In einem Regal daneben standen zerlesene Bibeln.

Studd hatte es sich zur Gewohnheit gemacht, jedes Jahr eine neue Bibel zu benutzen. So verwendete er nie alte Notizen und Anmerkungen, sondern ging immer wieder an die Schrift selbst heran. Die Hütte war Studds Schlaf-, Wohn-, Arbeits- und Eßzimmer in einem. Wie viele Versammlungen wurden hier an seinem Bett abgehalten! Wie oft hat er hier bis Mitternacht oder in den frühen Mor-

genstunden Ansprachen gehalten, nach denen Missionare und Einheimische neu gestärkt an ihre Arbeit gingen!
Dicht beim Fußende des Bettes brannte auf dem trockenen Lehmboden ein offenes Holzfeuer. Auch Studds schwarzer Helfer, der ihn so fürsorglich bediente, wie es eine Frau nicht besser hätte tun können, schlief nachts in der Hütte. Weil er ein steifes Bein hatte, wurde er „Einbein" genannt.
Gegen drei Uhr morgens wurde es gewöhnlich in der Hütte lebendig. „Einbein" erwachte regelmäßig zur gleichen Uhrzeit. Kein Wecker hätte zuverlässiger sein können. Das erste Geräusch kam vom Zusammenschlagen der Holzscheite, von denen „Einbein" die Asche abklopfte. Dann ertönte sein langgezogenes leises Pusten, womit er in der geschickten Art der Einheimischen aus der Glut ein helles Feuer anfachte. Darauf wurde der Kessel gestellt und eine Tasse Tee zubereitet.
Sobald Bwana aufwachte, wurde ihm der Tee gereicht. Dann legte Einbein sich noch einmal schlafen. Bwana aber nahm seine Bibel vom Regal und war allein mit Gott. Was in diesen stillen Morgenstunden zwischen beiden verhandelt wurde, das erfuhren einige Stunden später die afrikanischen Christen während der Morgenandachten. Wenn Bwana sie hielt, dauerten sie selten weniger als drei Stunden. Abends von sieben bis neun oder zehn Uhr trafen sich dann die Missionare bei ihm zum Gebet und Austausch. Hier strömte alles das, was er in der Frühe von Gott empfangen hatte, aus seinem brennenden Herzen.
Die Frühstunden waren für ihn immer die einzige Vorbereitung für seine Ansprachen. Er sprach mit Gott, und Gott sprach mit ihm und machte sein Wort lebendig. Er sah Jesus, aber auch die Millionen von Menschen auf dem Weg zur Hölle. Immer wieder betonte Studd, daß

diese stille Zeit mit Gott die einzige Vorbereitung sei, die man für die Verkündigung des Evangeliums brauche, auch wenn man an einem Tag mehr als ein dutzendmal predigen müsse.

Tagsüber waren viele Aufgaben zu erledigen. Zum Beispiel mußten die Gebäude kontrolliert und ausgebessert werden, weil die gefräßigen Termiten immerzu an den Pfählen und Wänden nagten. Gelegentlich war sogar ein völliger Neubau notwendig. Bei solchen Arbeiten war Studd peinlichst genau. Jeder Pfahl mußte die richtige Länge haben und im rechten Winkel stehen. Er verfolgte dabei die besondere Absicht, den Einheimischen einzuprägen, daß Christsein mit Trägheit und schlechter Arbeit nicht vereinbart ist. Er lehrte sie, daß Genauigkeit und Sorgfalt in materiellen Dingen die Voraussetzungen zum Erfolg sind. Nur so würden sie dann auch verstehen, daß Gerechtigkeit das Fundament des Thrones Gottes ist.

Studd verwandte auf diese praktischen Arbeiten genausoviel Konzentration wie auf seine Predigten und früher auf das Kricketspiel. War er mit einer Arbeit beschäftigt, die sorgfältig ausgeführt werden mußte, brauchte man mit dem Frühstück nicht auf ihn zu warten. Es konnte drei oder vier Uhr nachmittags werden, bis er bereit war, sich Zeit zum Essen zu nehmen. Einem kleinen Jungen half er einmal den ganzen Tag lang beim Suchen eines verlorenen Knopfes. Natürlich kam es nicht auf den Wert des Gegenstandes an. Er wollte aber dem Jungen Gründlichkeit und Sorgfalt beibringen.

Als Leiter der Mission hatte Studd sehr viel Korrespondenz mit der Heimat, die Buchführung mußte erledigt werden, und der nie abreißende Briefwechsel mit den Missionsstationen kam noch hinzu. Aber seine größte Freude war es, die Feder aus der Hand zu legen und

draußen das Evangelium zu verkünden. Als sich die Missionsarbeit in der Umgegend von Ibambi ausdehnte, ging Studd jede Woche auf Evangelisationsreise. „Wochenenddienst“ wurde das genannt, aber meistens kam Bwana erst am Mittwoch oder Donnerstag wieder nach Hause. Die Einsätze werden so geschildert:
Vor der Tür warten zehn Männer. Sie sind besonders für diesen Dienst ausgesucht und unterziehen sich freiwillig einer schweren Aufgabe. Die Arbeit des Trägers ist besonders in der Nacht schwierig und gefährlich. Die Waldpfade sind schmal, und es gilt, Flüsse und Sümpfe auf schwankenden Brücken zu überqueren. In der ersten Zeit wollte Bwana nicht erlauben, daß man ihn trug. Er machte alle Reisen zu Fuß oder auf dem Fahrrad und verschmähte die Sänfte, die von Beamten und Händlern immer benutzt wurde. Mit zunehmender Schwäche konnte er jedoch nicht darauf verzichten. Seine Mandala (Sänfte) hatte in der Mitte einen Stoffsitz und war überdacht, was ihn vor Sonne und Regen schützte. Als Tragstangen diente starkes Bambusrohr.
Und nun geht es fort. Der Kapita oder Vormann schreitet voran mit Speer und brennender Laterne. Die vier Träger, zwei vorn, zwei hinten, schultern die Sänfte und singen beim Gehen. Dann folgen ein oder zwei Träger, die Studds weniges Gepäck tragen, und den Schluß bilden die Ersatzträger für die Mandala. Etwa vier bis fünf Stunden ziehen sie so durch die Nacht bis gegen ein Uhr morgens. Da Studd die anderen Missionare nicht in ihrer Nachtruhe stören möchte, hält er unterwegs Ausschau nach irgendeiner leeren Eingeborenenhütte, einer „Bandahauri“, wo tagsüber die Leute zum Schwatzen zusammenkommen. Dort wird Rast gemacht und noch ein wenig geschlafen.
Am Sonntagmorgen gegen sechs Uhr kommen sie auf

einer der großen Außenstationen an. Vielleicht ist es das Dorf des Christen Imbai. Hier war 1922 noch alles dichter Urwald, in dem Leoparden hausten. Zuerst hatte man dort ein Stück Wald gerodet, dann eine Kirche und eine Hütte für den Missionar gebaut. Nun ist der ganze Ort wie verwandelt. Eine schöne Missionsstation ist entstanden mit Schulen, Werkstätten, neuer Kirche und neuen Häusern für die Missionare, einer Straße mit Hütten für die Einheimischen und Anpflanzungen von Bananen, Ananas, Süßkartoffeln, Mais und Maniok.
Obwohl Imbai nie ein so feuriger Christ wie mancher andere war, bewies er vor den belgischen Beamten und dem Richter eine Haltung, über die sie einfach staunten. Sie luden ihn vor, um ihm mitzuteilen, daß er von der Mission eine jährliche Pacht für sein Land beanspruchen könne, etwa 600 Mark im Jahr. Das ist für einen afrikanischen Dorfbewohner eine verlockende Summe. Aber Imbai lehnte rundweg ab. Er erklärte, er habe das Land Gott gegeben. Die Beamten trauten ihren Ohren nicht, doch als sie ihre Frage wiederholten, erhielten sie dieselbe Antwort. Einige Jahre später entsandte Imbais Gemeinde schon dreißig afrikanische Evangelisten in die Umgegend und die etwas entfernter wohnenden Stämme. Diese Männer wurden alle von einheimischen Christen unterstützt.
Bwana besuchte oft Imbais Dorf. Sein Kommen wurde schnell mit Hilfe der einheimischen Holztrommeln von Ort zu Ort in großem Umkreis bekanntgemacht. Dann pflückten die Leute einen Bund grüner Bananen – ihre Hauptnahrung –, rollten ihre kleinen Matten zusammen und packten etwas an europäischer Kleidung ein, auf deren Besitz sie sehr stolz waren. So zogen sie am Sonntagmorgen los. Männer, Frauen und Kinder brachen auf, sobald sie aus der Ferne durch den Urwald den Klang der

Trommeln hörten, die zum Gottesdienst riefen. Manche mußten stundenlang gehen und konnten erst zu Mittag da sein. Inzwischen hatte Bwana mit den Missionaren und den Christen aus dem Ort und den Nachbardörfern einen etwa zweistündigen Frühgottesdienst gehalten. Dann kehrte er in die kleine Bambushütte zurück, die extra für seinen Besuch bereitgehalten wurde. Dort ruhte er sich aus und frühstückte ein wenig, während die Missionare um ihn herumsaßen und mit ihm alle wichtigen Neuigkeiten besprachen.

Der Hauptgottesdienst fand dann gegen Mittag statt. Nach Möglichkeit hielt Studd ihn draußen im Schatten der Palmen. Die Menschen strömten herbei, etwa zweitausend kamen zum Gottesdienst. Zuerst wurde gesungen; Bwana begleitete die Lieder selbst auf dem Banjo. Das dauerte eine ganze Stunde und war bei den Teilnehmern sehr beliebt. Fast alle der zweihundert Lieder hatte Studd selbst verfaßt. Bei neuen oder weniger bekannten sang er zuerst die einzelnen Strophen vor, und die Leute wiederholten sie so lange, bis man sie auswendig konnte. Die bekannteren Lieder sangen sie Strophe für Strophe auswendig und wurden manchmal recht lebhaft dabei. Schließlich erhob Studd sich und stimmte ein kräftiges Chorlied an, das in Hallelujarufen ausklang.

Auf den Gesang folgte Gebet, etwa vierzig Minuten lang. Dabei stand einer nach dem andern auf und erhob die Hand, um zu beten. Während der eine noch betete, stand schon ein anderer auf, um sofort zu beginnen, wenn der erste sich setzte. Ohne diese Regel hätten vier oder fünf gleichzeitig gebetet. Jedes Gebet endete mit den Worten: „Ku jina ya Yesu“ (im Namen Jesu). Diese Worte wurden von der ganzen Versammlung wiederholt.

Es waren feurige Gebete. Meistens erklärte der Beter vor Gott und den Menschen seine Bereitschaft, ganz den Weg mit Jesus zu gehen. Er bat Gott, ihn durch Jesu Blut zu reinigen und mit seinem Geist zu erfüllen.

Anschließend wurde wieder gesungen, die Schrift gelesen, oder die Gebote wurden gemeinsam wiederholt. Dann stieg Bwana auf einen Erdhügel, der als Podium diente, las die Schriftstellen vor, über die er predigen wollte, und sprach zu ihnen. Gewöhnlich begann er ganz ruhig, erläuterte diesen oder jenen Satz aus dem Gelesenen oder eine biblische Geschichte, indem er die Menschen, die darin vorkamen, als Afrikaner schilderte, mit schwarzer Haut und in Baströcken. Aus Brot wurden Bananen, aus Kamelen Elefanten, aus Schnee wurde Kalk. Es ging ihm vor allem darum, ihnen ihr eigenes Herz zu zeigen und auf die Folgen von Sünde hinzuweisen. Er zeigte ihnen die Liebe Jesu und legte ihnen dringend ans Herz, Buße zu tun, an Jesus zu glauben, ihm zu folgen und sich für ihn einzusetzen.

Bwana sprach anderthalb bis zwei Stunden lang. Dann folgten weitere Lieder und Gebete. Die Gemeinde flehte zu Gott um die Rettung anderer Menschen. Zum Schluß standen alle auf und riefen: „Gott lebt! Jesus kommt bald! Halleluja!“

Das Ziel ist erreicht

Es gab große Aufregung unter den Einheimischen, als Studd eines Sonntags im Gottesdienst vor tausend Teilnehmern plötzlich mit strahlend weißen Zähnen erschien, einem neuen Gebiß. Schon lange hatte er große Beschwerden gehabt und lebte längere Zeit fast ausschließlich von Suppe. Einer seiner Mitarbeiter sagte zu Studd: „Du solltest doch heimreisen und deine Zähne nachsehen lassen." Er entgegnete: „Wenn Gott mir neue Zähne schenken will, kann er sie mir ebenso leicht hierher senden." Sie nahmen das als Scherz und lachten. Aber Gott hatte ihn gehört. Wenige Monate später schrieb ein Zahnarzt an die Heimatleitung und bot seine Dienste für Innerafrika an. Sie prüften die Bewerbung, fanden ihn aber zu alt. Deshalb lehnten sie ab.

Doch er ließ sich nicht entmutigen. Er verkaufte seine Praxis und bezahlte mit dem Erlös die Reise bis zur Kongomündung. Dort ließ er sich als Zahnarzt unter den Beamten und Händlern nieder. In wenigen Monaten hatte er so viel Geld verdient, daß er die Reise ins Innere fortsetzen konnte. Damals waren gerade Studds jüngste Tochter Pauline und ihr Mann Norman Grubb auf der Heimreise. Sie fuhren in einem Kanu vierzehn Tage den Aruwimi abwärts bis zu seiner Mündung in den Kongo. Eines Morgens sahen sie ein anderes Boot kommen, das flußaufwärts fuhr. Darin saß ein Weißer. Sie fragten sich, wer das sein könne, denn weiße Reisende waren in dieser Gegend höchst selten.

Als die Boote sich auf Rufweite genähert hatten, riefen

sie einen Gruß in englischer Sprache hinüber und erhielten eine englische Antwort. In wenigen Minuten wußten sie, daß es Dr. Buck war, der zu Studd reiste. Da es gerade Frückstückszeit war, legten sie am Ufer an, aßen zusammen und beteten miteinander. Als sie weiterfahren wollten, nahm der Zahnarzt Pauline Grubb beiseite und sagte: „Wenn Sie die Tochter von Charles Studd sind, möchte ich Ihnen ein Geheimnis mitteilen, das ich bis jetzt noch keinem anvertraut habe. Gott hat mich nicht nur nach Afrika geschickt, um das Evangelium zu predigen, sondern auch um Studd ein Gebiß zu bringen. Ich habe alles mitgebracht, was nötig ist, um es anzufertigen und einzusetzen."

Studd selbst erzählt die Geschichte weiter: „Als Buck ankam, sagte er: ‚Gott hat mich in erster Linie in den Kongo geschickt, um Ihre Zähne zu behandeln.' Unvorstellbar! Gott schickt einen Zahnarzt in das Innere Afrikas, um nach den Zähnen seines Kindes zu sehen, das nicht heimreisen kann. Was wird das nächste Wunder sein, das Gott an mir tut?"

Wenn er nun auch mit dem neuen Gebiß besser essen konnte, verschlechterte sich Studds Gesundheit doch immer mehr. Manchmal hatte er schweres Fieber, ab und zu auch Herzanfälle. Ständig litt er unter schlechter Verdauung. In dieser Zeit übernahm er noch eine Aufgabe, die seine letzten Kräfte verzehrte. Er meinte, er könne die vielen Menschen in der Umgebung von Ibambi nicht länger ohne das geschriebene Gotteswort lassen. In der Welleprovinz existierte bereits die Übersetzung eines großen Teils der Bibel in Bangala. Aber in Ituri wurde Kingwana gesprochen. Und da gab es bisher noch gar nichts.

Trotz der großen Arbeitslast, die auf ihm lag, beschloß Studd also, das Neue Testament in Kingwana zu übersetzen. Eine bemerkenswerte geistige Leistung für einen

Mann von fast siebzig Jahren, ganz abgesehen davon, daß damit wochenlange Mehrarbeit verbunden war! Tag und Nacht arbeitete er an der Übersetzung. „Mein Tag“, schrieb er, „hat in der Regel achtzehn Stunden. Das Essen schlinge ich während des Schreibens hinunter.“
Meistens arbeitete Studd in der Frühe zwischen zwei und sechs Uhr. Weil er den ganzen Tag über den Tisch gebeugt saß, hatte er abends oft einen so steifen Nacken, daß ein Mitarbeiter ihn massieren mußte, bevor er gerade sitzen konnte. Während Studd übersetzte, tippte Harrison den Text in die Maschine. Es war eine bewußt einfache Übersetzung, die dann von der *Scripture Gift Mission* herausgegeben wurde. Jeder Afrikaner, der lesen gelernt hatte, konnte sie in sein Dorf mitnehmen und auch verstehen.
Als Studd mit dem Neuen Testament fertig war, übersetzte er auch die Psalmen und eine Auswahl aus den Sprüchen. Aber er verbrauchte dabei seine letzten Kräfte. Ein Herzanfall folgte dem anderen. Oft schien er dem Tod nahe. 1928 war er so krank, daß man zweifelte, ob er je wieder auf die Beine kommen werde.
Aber nur Menschen seiner nächsten Umgebung hatten eine richtige Vorstellung von den Leiden dieser letzten beiden Jahre – von der großen Schwäche und der Übelkeit, den Herzanfällen und, schlimmer als alles andere, der furchtbaren Atemnot und den heftigen Fieberschüben. Dabei wurde er gewöhnlich dunkelrot und sein Herz hörte fast auf zu schlagen.
Aber alles wurde überstrahlt von der großen Freude, daß Gott ihm Erfüllung seiner beiden Herzenswünsche gewährt hatte: Einigkeit unter den Missionaren und das Wirken des Geistes Gottes unter den afrikanischen Christen. Die vierzig Missionare waren wie Söhne und Töchter zu ihm. Gott hatte seine Verheißung wahr gemacht:

Wahrlich, ich sage euch: Es ist niemand, der Haus oder Brüder oder Schwestern oder Mutter oder Vater oder Kinder oder Äcker verläßt um meinetwillen und um des Evangeliums willen, der nicht hundertfältig empfange jetzt in dieser Zeit Häuser und Brüder und Schwestern und Mütter und Kinder und Äcker mitten unter Verfolgungen, und in der zukünftigen Welt das ewige Leben.

Auf Gottes Auftrag hin hatte Charles Studd Frau und Kinder verlassen, und jetzt im Alter schenkte Gott ihm dafür eine Familie von vierzig Menschen, die ihn liebten und an ihm hingen, als seien sie leibliche Verwandte. Es läßt sich kaum beschreiben, wie herzlich Bwana mit seinen Missionaren verbunden war. Sehr freudig wurde er begrüßt, wenn er eine Station besuchte. Regelmäßig berichteten sie ihm brieflich, und wie vertraut gingen sie während der Konferenzen in Ibambi miteinander um!

Wahrscheinlich waren die Abendversammlungen mit Bwana in Ibambi am eindrücklichsten für die Missionare. Mehr als alles andere trugen sie dazu bei, die Missionsarbeit auf dem festen Fundament von Bibel und Gebet zu gründen. Die Dauer dieser Zusammenkünfte war nicht begrenzt. Bwana schlug die Bibel auf, las zwei oder drei Kapitel und sprach dann darüber. Besonders liebte er die Briefe des Neuen Testaments und sprach ein bis zwei Stunden lang, an Konferenztagen bis nach Mitternacht.

So ging es Abend für Abend. Die Missionare konnten von sich sagen: *Brannte nicht unser Herz in uns,* als wir Jesus begegneten? Als wichtigste Erkenntnis nahmen sie von diesen Abenden Bwanas Überzeugung mit: Wenn Missionsarbeiter ständig Kraft und Segen von Gott erfahren wollen, dann müssen sie sich die Zeit nehmen, täglich zusammenzukommen; nicht zu einer kurzen, zeitlich begrenzten Andacht, sondern lange genug, damit

Gott wirklich durch sein Wort zu ihnen sprechen kann. So können sie die Anforderungen ihres Dienstes meistern und dem entgegentreten, was die Einheit unter ihnen hindert, um sich dann im Glauben und Gebet Gott zu nahen. Dies ist das Geheimnis eines siegreichen geistlichen Kampfes. Keine harte Arbeit oder feurige Wortverkündigung kann dieses notwendige Miteinander ersetzen.

Als dann Straßen durch den Urwald gebaut waren, konnte Studd sich ein Auto anschaffen. Das bedeutete für ihn eine große Erleichterung; nun konnte er zu allen erreichbaren Stationen kommen. Diese Besuche glichen Triumphzügen. Die Leute waren so begierig, ihn zu sehen und zu hören, daß zu den Gottesdiensten, an denen sonst tausend Menschen teilnahmen, zweitausend Besucher erschienen.

1929 erfuhr er, daß seine geliebte Frau während einer Spanienreise plötzlich heimgerufen worden war. Im Jahr zuvor hatte sie ihn noch für vierzehn Tage besucht. Das war ihr einziges Wiedersehen seit seiner letzten Ausreise nach Afrika. Etwa zweitausend afrikanische Christen holten sie ab. Sie hatten bisher immer davon gehört, daß Bwana zu Hause eine Frau hatte. Sie sei so eifrig damit beschäftigt, Mitarbeiter zu gewinnen, die nach Afrika die Botschaft von Jesus bringen, daß sie nicht selbst kommen könne. Als „Mama Bwana" jetzt persönlich vor ihnen stand und sie diese Frau mit eigenen Augen sahen, da begriffen sie neu, wie groß das Opfer war, das beide brachten, um Afrikaner für Jesus zu gewinnen. Viele verstanden auch zum erstenmal, was es Christus gekostet hatte, sie zu erlösen, und daß sie ihm nun mit ihrem ganzen Leben danken mußten.

Priscilla Studd sah neben ihrem Mann so jung aus, daß viele sie für seine Tochter hielten und glaubten, sie sei Alfred Buxtons Frau. Priscilla sprach mehrmals durch

einen Dolmetscher zu den Einheimischen. So erfüllten sich die prophetischen Worte, die sie damals vor sich gesehen hatte: „China, Indien, Afrika.“
Der Abschied wurde ihrem Mann und ihr sehr schwer, und sie wollte eigentlich nicht abreisen. Aber die heiße Jahreszeit nahte, und das Heimatzentrum brauchte sie dringend. In Studds Bambushütte nahmen sie Abschied. Sie wußten wohl beide, daß sie sich auf Erden nicht wiedersehen würden. Zusammen gingen sie zu dem bereitstehenden Auto. Kein Wort wurde gesprochen. Priscilla Studd schien die Gruppe von Missionaren, die das Auto umstanden, um sich von ihr zu verabschieden, gar nicht zu sehen. Aber sie war gefaßt. Den Blick nach vorn gerichtet stieg sie ein, und das Auto fuhr ab.
1930 wurde Studd vom belgischen König aufgrund seiner Verdienste im Kongogebiet zum Ritter des Königlich-Belgischen Löwenordens ernannt.
Wenige Monate vor seinem Tod durfte er erleben, was jeder Missionar als höchstes Ziel seiner Tätigkeit ansieht: Die einheimische Gemeinde übernahm selbst den Missionsauftrag und schickte von da an ihre Missionare in die benachbarten Stämme. Zwar hatten sie auch vorher schon viel unter ihren eigenen Leuten das Evangelium verkündigt, aber erst jetzt bekamen sie einen Blick für die Aufgabe, andere Stämme zu erreichen.
Unter allen einheimischen Christen war niemand, den Studd mehr liebte als den bekehrten Kannibalen Adzangwe. Und Adzangwe erwiderte Studds Liebe in vollem Maße. Einer der letzten Besuche Studds galt dessen Gemeinde, als Adzangwe schon vom Tod gezeichnet war. Sein Körper war so ausgezehrt, daß man unter der schwarzen Haut deutlich die Blässe sah. Er lag in seiner kleinen Bambushütte, ein wenig abseits von der unruhigen Station. Fünf Jahre zuvor war dort noch Urwald ge-

wesen, als er dieses Land hergegeben hatte, damit es „ein Platz für Gott“ werde. Eines Tages, als eine Missionarin einen Krankenbesuch bei ihm machte, begrüßte er sie mit den Worten:
„Du darfst nicht so traurig sein, weiße Frau, wenn du zu mir kommst. Denn ich bin nicht traurig. Wenn ich in meinem Bett liege, dann rede ich mit Gott, und Gott redet mit mir, und Jesus Christus umgibt mich von allen Seiten wie die Wände meiner Hütte. Ich rede auch mit Bwana.“ Er hatte Studds Bild über seinem Bett angeheftet. Sein strahlendes Gesicht bewies, daß er wirklich nicht traurig war.
Als er hörte, daß sein geliebter Bwana gekommen sei, konnte ihn nichts in seiner Hütte halten, so krank und schwach er auch war. Er bat einige Nachbarn aus den umliegenden Hütten um Hilfe, wurde auf einen Stuhl gehoben und zum Missionshaus gebracht, wo Bwana saß. Dieser ging ihm entgegen, während einer der Missionare einen Stuhl für Bwana herbeibrachte mit einigen Kissen, damit er bequemer sitzen könnte, denn er selbst war krank und abgezehrt wie Adzangwe. Aber bevor Studd sich setzte, nahm er die Kissen und ordnete sie fürsorglich um den bekehrten Kannibalen.
Die beiden sahen sich an diesem Tag zum letztenmal. Schon einige Monate vorher hatte Bwana im Scherz zu Adzangwe gesagt: „Wir beiden machen jetzt einen Wettlauf zum Himmel, aber ich möchte als erster ankommen.“ Drei Wochen später hatte Bwana den Wettlauf gewonnen.
Das Ende kam plötzlich. Harrison berichtet näher darüber:
„Ibambi, im Juli 1931. Wenn Euch dieser Brief erreicht, werdet Ihr mein Telegramm schon erhalten haben mit der Nachricht, daß unser lieber alter Bwana zu seinem Herrn

heimgegangen ist. Zuallererst möchte ich Euch versichern, daß diese ganze Zeit unter dem Siegeszeichen Christi stand, bei Bwana, bei den Missionaren und auch bei den afrikanischen Christen. Wie preisen wir Gott dafür!

Am letzten Sonntag, dem 12., schien es Bwana noch recht gut zu gehen. Er schickte uns alle fort, damit wir auf den umliegenden Stationen wie gewöhnlich den Sonntagsgottesdienst halten könnten. Er selbst blieb allein auf der Station zurück, um dort den Gottesdienst für die Einheimischen zu leiten. Als wir im Laufe des Nachmittags zurückkehrten, ging es Bwana immer noch gut. Wir staunten, als er erzählte, er habe einen fünfstündigen Gottesdienst gehalten.

Am folgenden Tag, am Montagnachmittag, bat er mich, ihm eine Chininspritze zu geben. Er fror und glaubte, Fieber zu bekommen. Am Abend fühlte er sich noch schlechter, und ich wachte die ganze Nacht über bei ihm bis halb fünf Uhr morgens. In der Nacht hatte er sehr starke Leibschmerzen auf der rechten Seite. Er sagte mir am Abend zuvor, er vermute, es seien Gallensteine, und bat mich, alles durchzulesen, was ich über diese Krankheit fände. Ich tat das, und zu unserer Überraschung stellten wir fest, daß alle Symptome, die er hatte, seine Vermutung bestätigten. Am Dienstagmorgen war er noch schwächer. Auch die Schmerzen nahmen zu und steigerten sich bis zum Abend, wobei er immer schwächer wurde. Am Donnerstagmorgen ging es ihm erträglicher. Er meinte, die Leibschmerzen hätten etwas nachgelassen, doch war er schon so schwach und erschöpft, daß die Stimme versagte. Immer wieder versuchte er zu sprechen. Wir verstanden kaum, was er sagen wollte, und konnten nur an seinem Gesichtsausdruck merken, ob wir seine Wünsche richtig erraten hatten. Am frühen Nachmittag

meinten wir zu verstehen: ‚Herz schlecht.' Williams fragte ihn, ob er uns jetzt verlassen werde. Darauf antwortete er zuerst, er wisse es nicht, aber bald danach sagte er: ‚Sehr wahrscheinlich.'
Von diesem Augenblick an wußten wir, daß es dem Ende zuging. Er bemühte sich nicht mehr, zu sprechen. Nur versuchte er, mit jedem schwachen Atemzug zu sagen: ‚Halleluja! Halleluja!' Es war ergreifend, wie er so mit vollem Bewußtsein heimging und doch bei jedem Atemzug ein Halleluja aus seiner Brust kam. Auch die schwarzen Brüder, die sich um das Bett versammelt hatten, konnten das Halleluja hören.
Am Donnerstag, dem 16. Juli, etwa um sieben Uhr abends, schien er bewußtlos zu werden. Kurz nach zehn Uhr ging er heim. Es war ein schönes Sterben. Er lächelte die ganze Zeit, außer wenn der Schmerz zu heftig wurde. Noch in seiner Schwäche war er um Missionar Elder besorgt, dem einige Tage vorher ein eingewachsener Zehennagel herausgeschnitten worden war. Studd bat ihn, nach Hause zu gehen und den Fuß zu schonen. Der letzte Gottesdienst, den er hielt, war der fünfstündige vom letzten Sonntag. Am Montag hielt er noch wie gewöhnlich die tägliche Morgenandacht mit seinen Helfern und einigen anderen, die um sein Bett standen. Der letzte Afrikaner, den er seelsorgerlich mahnte, sein Leben mit Gott in Ordnung zu bringen, war der Häuptling Kotinaye. Sein letztes geschriebenes Wort — in einem Brief an die Missionare — war: ‚Halleluja!' Und das letzte gesprochene Wort war ebenfalls ‚Halleluja'.
Wir arbeiteten die ganze Nacht von Donnerstag auf Freitag an der Anfertigung eines Sarges, wobei uns seine Helfer nach Kräften unterstützten. Hunderte und aber Hunderte von Afrikanern kamen herbei und baten, Bwana sehen zu dürfen. Damit sie einen letzten Blick auf ihn wer-

fen konnten, hatten wir ihn im Vorraum seiner Hütte aufgebahrt. Sie gingen in tiefer Ehrfurcht an der Bahre vorbei.
Die Einheimischen, die ihm am nächsten gestanden hatten, trugen ihn zu Grabe. Die Missionare ließen den Sarg hinab. Dabei standen 1500 bis 2000 Afrikaner, unter ihnen die Häuptlinge Kotinaye, Owesi, Abaya und Simba. Was für eine wunderbare Gelegenheit war es doch, ihnen an diesem Grab das Evangelium zu predigen!
Die Einheimischen, die am Freitag zum Begräbnis gekommen waren, wollten nicht heimgehen. So hielten wir am Samstag einen Gottesdienst. Wie wurde da gebetet! Wir hatten noch nie derartiges von Afrikanern gehört. In aller Herzen schien derselbe Entschluß lebendig zu sein, sich von neuem Gott ganz zu weihen. Sie sagten, wenn auch Bwana von ihnen gegangen sei, würden sie doch nur um so treuer für Jesus kämpfen. Auch heute, am Sonntag, kamen größere Scharen zum Gottesdienst als je. Das ist vom Herrn geschehen und ist ein Wunder in unseren Augen."

Nach Studds Tod

Sind es besondere Persönlichkeiten, die Gottes Werk auf Erden ausrichten, oder ist es der Heilige Geist, der durch Menschen wirkt, die sich Gott ganz ausgeliefert haben? Viele schrieben den Erfolg der Mission in der Heimat und draußen der Persönlichkeit ihres Gründers Charles Studd und seiner Frau Priscilla zu. Jetzt fragten sie sich, was nach dem Heimgang der beiden aus der Mission werde. Charles und Priscilla Studd jedoch erkannten und bekannten ihre eigene Unzulänglichkeit. Sie wußten, daß alles das Werk des Geistes Gottes war und daß er durch jeden beliebigen Menschen wirken kann, der ihm ganz und gar glaubt und gehorcht. So dachte Charles Studd, als er auf seiner ersten Reise ins Innere Afrikas im Scherz sich selbst und Alfred Buxton „Bileams Esel" und „Noahs Taube" nannte.
War die Mission durch Menschen oder durch Gottes Geist gegründet und weitergeführt worden? Jetzt mußte es sich zeigen, da die beiden „Persönlichkeiten" nicht mehr da waren. Die Gründer waren uns genommen. Unter den Mitarbeitern war keiner, dessen Name in der Öffentlichkeit einen besonderen Klang hatte. Das Heimatwerk hatte gerade eine Krise durchgestanden. Hinzu kam zu der Zeit eine große wirtschaftliche Flaute. Wenn keine andere Macht hinter dem *Weltweiten Evangelisations-Kreuzzug* stand als die Persönlichkeiten ihrer Gründer, dann war alle Hoffnung vergebens.

Norman Grubb berichtet weiter:
Meine Frau und ich waren nun die einzigen Vertreter des *Weltweiten Evangelisations-Kreuzzugs* in der Heimat. Wir beschlossen, den Gott unserer Eltern auf die Probe zu stellen. In ihren schwersten Prüfungsstunden hatten sie sich ganz und gar auf seine Treue und Allmacht verlassen. Das wollten wir auch. So baten wir Gott im Glauben, das scheinbar Unmögliche möglich zu machen, nicht nur das bestehende Werk aufrechtzuerhalten, sondern uns auch 25 neue Missionare zu geben, dazu das Geld für ihre Ausreise, ungefähr 3000 Pfund (damals rund 75 000 Mark). Wir baten um zehn Missionare bis zum ersten Jahrestag von Studds Tod und um fünfzehn weitere im zweiten Jahr. Um zu zeigen, daß Gott allein dies tun würde, wollten wir keinen Aufruf veröffentlichen, auch auf keinerlei Weise um Missionare oder um Geld werben. Wir wollten es allein im Glauben von Gott erwarten.
Wir begannen im November 1931 um zehn Missionare zu beten und konnten noch im selben Monat die ersten beiden aussenden. Das Geld reichte nur für die Überfahrt, nicht aber für die nötige Ausrüstung. Doch die beiden erklärten sich bereit, sofort zu reisen und draußen mit dem Erlernen der Sprache zu beginnen im Glauben, daß der noch fehlende Betrag für ihre Ausrüstung in wenigen Monaten zusammenkommen würde. Im Januar wurden uns die Bedingungen des Glaubensgebets anhand des Wortes Gottes klar. Wir erfüllten diese Bedingung zuerst, indem wir im engeren Kreis bekanntgaben, Gott werde bis zum nächsten Juli zehn Missionare aussenden. Dann schrieben wir den Missionaren draußen, im Laufe des Sommers könnten sie zehn neue Mitarbeiter erwarten. Und schließlich veröffentlichten wir das in unserem Missionsblatt.

Der März kam. Bisher hatten wir drei Bewerberinnen für den Missionsdienst, die bereit waren, hinauszugehen. Aber wir besaßen kein Geld. Wir besprachen die Sache, und uns wurde klar, daß jetzt die Zeit war für die Hilfe des Herrn. Wir zweifelten nicht daran, daß er sie geben würde.
Zwei der Missionskandidatinnen verreisten über Ostern, hinterließen aber der dritten ihre Adresse, so daß sie telegraphisch zu erreichen waren, wenn der Herr inzwischen das Geld gab. Am Samstag waren zwei Gäste im Missionshaus. Soweit wir wußten, besaßen sie kein Sparguthaben auf der Bank. Aber eins wußten wir nicht: Sie hatten nämlich schon Jahre zuvor einen kleinen Betrag „für den Herrn" beiseitegelegt. Er aber hatte ihnen bisher noch keinen bestimmten Auftrag gegeben, was sie damit tun sollten. Bevor wir abends auseinandergingen, beteten wir noch kurz zusammen. Nebenbei erwähnte jemand auch die Kandidatinnen. Mehr wurde nicht gesagt, aber Gott hatte gesprochen. Das war der Wink, auf den sie schon jahrelang gewartet hatten. Am nächsten Morgen erklärten unsere Gäste, daß sie das Geld für die drei zur Verfügung stellten. Es genügte aber nur für zwei Überfahrten. Am Mittag gaben wir dies bekannt und wollten den beiden telegraphieren. Aber die dritte sagte: „Wollen wir nicht noch eine halbe Stunde warten? Gott kann uns auch das Geld für die dritte Überfahrt schicken."
Da es Sonntag war, konnte man weder Post noch Besuch erwarten. Zur selben Zeit hatte ein Mitarbeiter etwas im Geschäftszimmer der Mission zu tun, das gewöhnlich am Sonntag nicht betreten wurde. Dort sah er einen Brief von einem Frauenverein in London liegen, dem ein Scheck über 100 Pfund beilag. So konnten die drei nächsten Missionarinnen am 26. Mai 1932 ausreisen und die volle Ausrüstung für die beiden ersten mitnehmen.

Um diese Zeit hatten sich noch zwei junge Männer gemeldet, die ihre Ausbildung schon beendet hatten. Gerade war eine größere Geldgabe eingegangen. So konnten sie schon im Juni aufbrechen. Im selben Monat kam noch eine Kandidatin aus Kanada, die gleich die Hälfte des für die Ausrüstung benötigten Geldes mitbrachte. Sie war die achte, die in diesem Jahr ausreiste.

Nun fehlten noch die beiden letzten. Es blieben uns noch sechs Wochen, aber nichts geschah, und es traf auch kein Geld ein. Fünf Wochen — nichts. Vier Wochen — keine Anmeldung, aber eine Gabe von hundert Pfund. Drei Wochen — immer noch nichts. Zwei Wochen — die neunte Mitarbeiterin meldete sich, eine Krankenschwester. Nun blieben nur noch Tage; dreizehn, zwölf, elf Tage. Am Abend des zehnten Tages meldete sich ein junger Mann als Nummer zehn; auch er hatte seine Ausbildung bereits beendet. Er war auf einer Konferenz im Bibelinstitut von Swansea (Wales) gewesen. Drei Tage lang hatte er dort gefastet und gebetet, um Klarheit über Gottes Ruf zu bekommen. Schon am nächsten Tag setzte der Herr ein wunderbares Siegel auf seine Anmeldung. Auf der Konferenz war ein Gast, der nichts von dem Vorhaben dieses jungen Mannes wußte. Ihm zeigte der Herr im Gebet, daß er einen Blankoscheck einstecken sollte. Zu welchem Zweck, wußte er noch nicht. Als er beim Frühstück von „Nummer zehn" hörte, wurde ihm klar, daß der Scheck für diesen jungen Mann bestimmt war. Daraufhin übergab er dem Missionssekretär einen Scheck über 120 Pfund.

Einige Tage später waren wir in Irland. Wir sprachen miteinander darüber, daß unser Gebet erst völlig erhört sei, wenn der Herr uns noch einmal 200 Pfund sende. Wir beschlossen, ihn darum zu bitten. Zwei Tage später, als wir aus dem Gottesdienst kamen, händigte uns unsere

Gastgeberin ein Telegramm aus und sagte im Scherz, obwohl sie nichts von unserem Anliegen wußte: „Vielleicht sind 200 Pfund darin." Als wir das Telegramm öffneten, lasen wir: „200 Pfund für die Zehn. Halleluja!"
Bis zum 16. Juli 1933, Studds zweitem Todestag, sollten nun weitere fünfzehn Missionare ausgesandt werden. Wir schrieben eine Broschüre, in der wir die Geschichte der ersten zehn erzählten. Sie endete: „Gott hat in einem Jahr zehn Missionare ausgesandt, und wir glauben daran, daß er auch die anderen fünfzehn im nächsten Jahr aussenden wird."
In den folgenden fünf Monaten stellte uns Gott auf eine harte Probe. Wir hatten viele Anmeldungen erwartet. Aber ein halbes Jahr verging, und keiner bewarb sich. Nun schien es ganz unmöglich, daß sich die fünfzehn in den restlichen sechs Monaten melden würden. Wir beschlossen deshalb im Dezember, Gott um ein besonderes Zeichen zu bitten. Uns fehlte einfach der Glaube, doch hätten wir Gott vertrauen sollen, denn er erhörte uns wunderbar. Wir baten ihn, uns im Dezember 360 Pfund für verschiedene besondere Bedürfnisse zu senden. Der 30. Dezember kam, und es waren nur 200 Pfund eingegangen. Das Missionsblatt mußte am 31. Dezember in Druck gegeben werden. Sollte ich einen Artikel veröffentlichen, daß die fünfzehn Missionare bis zum Juli kommen würden, oder nicht? Ich sagte zum Herrn: „Wenn du mir nur bis morgen früh um elf Uhr hundert Pfund sendest, dann will ich das als Zeichen ansehen. Wenn du es aber nicht tust, werde ich den Artikel nicht veröffentlichen."
Am nächsten Morgen um elf Uhr hatte ich das Manuskript vor mir auf dem Tisch, aber keine hundert Pfund. So sagte ich zum Herrn, es täte mir sehr leid, aber unter diesen Umständen könne ich den Artikel nicht veröffentlichen. Kaum hatte ich es ausgesprochen, sah ich den

Sekretär eilig durch den Garten kommen. Er trat in mein Zimmer und schwenkte etwas in der Hand. Es war ein Scheck aus Schottland über hundert Pfund. Der Artikel erschien.

In den nächsten Monaten entwickelten sich die Dinge sehr schnell. Die ersten drei fuhren nach Innerafrika ab. Dann aber wurde uns etwas ganz Bedeutendes klar. Weil die zehn Missionare für Afrika bestimmt gewesen waren, hatten wir nichts anderes erwartet, als daß auch die fünfzehn dorthin gehen sollten. Aber durch die Bemerkung eines Freundes wurden uns plötzlich die Augen geöffnet. Wir erkannten, daß Gottes Auftrag an Studd nicht nur Innerafrika gegolten hatte, sondern der ganzen Welt. Da wurde uns klar, daß auch diese fünfundzwanzig für die ganze Welt bestimmt seien. In den letzten Monaten hatten wir nämlich Anmeldungen für vier andere Gebiete erhalten, in denen das Evangelium noch nicht verkündet worden war: für Kolumbien, Arabien, Klein-Tibet und Spanisch-Guinea.

Nun verstanden wir erst Gottes Plan und Vorsehung: Zehn Missionare sollten nach Belgisch-Kongo gehen, in das Land, in dem Studd gearbeitet hatte, und die letzten fünfzehn sollten auf viele Länder verteilt werden. Sie sollten an dem weltweiten Auftrag weiterarbeiten, das Evangelium überall zu verkündigen, wo es noch nicht bekannt war. Zwei gingen nach Kolumbien, zwei nach Arabien, zwei nach Spanisch-Guinea, drei nach Klein-Tibet und einer nach Innerafrika. Das waren nun im ganzen dreizehn.

Nun blieben nur noch sechs Wochen. Von den fünfzehn Missionaren, die wir uns zum Ziel gesetzt hatten, fehlten noch zwei, dazu 500 Pfund, um sie auszusenden. Der Gebetsbrief für Juni war fällig. Darin berichteten wir, wie es mit der Zahl der auszusendenden Missionare stand. Von dem Geld, das wir brauchten, erwähnten wir nichts, sondern schrieben nur: „Gott wird es zu Ende führen. Je weniger Zeit bleibt, desto wunderbarer wird seine Hilfe sein. Seid eins mit uns im Dank, im Glauben und in der Hoffnung, und wartet auf den nächsten Brief, der berichten wird, wie Gott geholfen hat!"

Am 15. Juni fuhren wir zu unserer Jahreskonferenz nach Wales. Bei unserer Ankunft auf dem Bahnhof wurde uns gleich erzählt, daß noch zwei Bibelschulabsolventen den Ruf nach Kolumbien erhalten hatten.

So war die Zahl vollständig. Nur die 500 Pfund fehlten noch. Am folgenden Tag wies mich der Herr auf das Wort hin: *Wenn ihr in mir bleibt und meine Worte in euch bleiben, werdet ihr bitten, was ihr wollt, und es wird euch widerfahren.*

Gott zeigte mir, daß jeder, der ehrlich die Bedingung einhält, auch von ihm die Erfüllung seiner Verheißung erwarten kann. So vertraute ich dem Herrn, daß die 500 Pfund noch während der Konferenz eingingen.

Unser Herr stellt immer wieder den Glauben auf die Probe. Die Prüfung kam am folgenden Tag. Ich wurde gefragt, ob ich anschließend an die Konferenz an Gebetsversammlungen in Irland teilnehmen wollte. Ich wußte, ich konnte nicht weggehen, bevor die Aussendung der fünfzehn Missionare völlig geklärt, also auch das Geld eingegangen war. Darum konnte ich die Einladung nur unter der Bedingung annehmen, daß die 500 Pfund während der Konferenz kamen. Ich erklärte deshalb, ich hoffe, kommen zu können. Aber der Herr sagte zu mir: „Das ist kein Glaube. Hoffen heißt nicht glauben."

Ich machte wieder einen Vorbehalt und sagte: „Ich werde kommen, wenn der Herr die Hilfe schickt." Der Herr aber sprach: „In Glaubenssachen gibt es kein Wenn." Die

Schrift sagt: *Der Glaube ist eine gewisse Zuversicht.* Der Glaubende handelt, als habe er das bare Geld schon in der Tasche.
So half mir Gott hindurch, und ich sagte: „Ja, ich will an den Gebetstagen teilnehmen, denn die Erhörung wird noch während der Konferenz kommen."
Am letzten Tag der Konferenz hatten wir noch keinen Pfennig. Am nächsten Morgen gingen wir auseinander, um nach Hause zurückzukehren. Die Morgenpost brachte fünfzig Pfund für Kolumbien und eine weitere Gabe von zehn Pfund für die fünfzehn Missionare. Obwohl wir dankbar waren für die sechzig Pfund, waren wir von 500 Pfund noch weit entfernt.
Wir verabschiedeten uns und brachen auf, um den Zug nach London zu erreichen. Da stellte sich heraus, daß viel mehr Teilnehmer mit diesem Zug fahren wollten als angenommen. Es waren nicht genügend Autos vorhanden, um sie an den Bahnhof zu bringen. Nun wurde ein kleiner Bus gemietet. Wir stiegen mit den anderen, die zurückgeblieben waren, ein und fuhren so schnell wie möglich. Auf halbem Weg platzte ein Reifen. Wir sprangen in eine Straßenbahn, kamen aber zu spät. Am Bahnhof angelangt, hörten wir, daß der Zug gerade abgefahren war.
Wir brauchten zehn Minuten, um neue Pläne zu schmieden. Einer von denen, die auch den Zug verpaßt hatten, nahm mich beiseite und fragte: „Wieviel ist für die Missionare eingegangen?" Ich antwortete: „Sechzig Pfund."
„Gut", sagte er, „das ist für mich eine Weisung Gottes. Gestern hat er mir gezeigt, daß ich, falls heute noch etwas fehlt, 400 Pfund geben soll."
Wir verließen den Bahnhof und berichteten sofort einem Freund von unserer großen Freude. Dieser ergriff meinen Arm und bemerkte: „Da will ich auch noch hundert

Pfund geben." Als wir ein Stück weiter gegangen waren, sagte ein anderer: „Ich gebe Ihnen dreißig Pfund."
So hatten wir in einer halben Stunde von fünf verschiedenen Personen 590 Pfund bekommen, und man hätte keinen dieser Spender als reich bezeichnen können. Wir waren wie die Träumenden. Unser Mund war „voll Lachens" und unsere Zunge „voll Rühmens".
Die Tatsache, daß wir in den zwei Jahren wirklich 25 Missionare aussenden konnten (1934 reisten wieder 25 Missionare aus, 1935 waren es sogar 50), ist ein Zeichen für Gottes Segen. Auch das Geheimnis von Studds Leben war also nicht seine große Persönlichkeit, sondern daß er Gott völlig über sich verfügen ließ.
Der Mann der ältesten Studd-Tochter, Oberst David Munro, war ein tapferer Soldat. Im Ersten Weltkrieg führte er ein Regiment, erwarb verschiedene Auszeichnungen, war aber kein Christ. Er und seine Frau kamen zwei Jahre vor Studds Tod aus Rhodesien zurück und lebten vorübergehend im Missionshaus in Norwood. Allmählich wuchs sein Interesse an Glaubensfragen. 1931 nahm er eine Einladung zur Konferenz in Keswick an. Am 16. Juli, zur selben Stunde, als in einer Bambushütte im Inneren Afrikas Charles Studd seinen letzten Atemzug tat, wurde während der Versammlung in Keswick zur Hingabe an Christus aufgerufen. Unter denen, die aufstanden und diesem Ruf folgten, war Studds Schwiegersohn Munro. Nun war auch das letzte Glied der Familie für Gott gewonnen.

Wie stand es ein Jahr nach Bwanas Tod um die einheimischen Christen und die Missionare in Afrika? Hatte Charles Studd die richtige Entscheidung für sein Leben getroffen, als er alles verließ und Jesus nachfolgte? Bleibt Gott denen treu, die so handeln? Ist es wahr, daß von dem, der sein ganzes Leben unter die Führung des Heiligen Geistes stellt, Ströme lebendigen Wassers in die Welt ausgehen? Stimmt es, daß das tiefste Verlangen eines Menschen nur befriedigt wird und seine Kräfte zur höchsten Entfaltung kommen, wenn er sein Leben ganz nach Gottes Willen gestaltet? Kann man nur von solchem Leben sagen: *Ich habe einen guten Kampf gekämpft?*

Ein Jahr nach Studds Tod fand in Ibambi wieder eine Glaubenskonferenz für die Afrikaner statt. Weit schmerzlicher als in der Heimat wurde Studds Tod auf dem Missionsfeld empfunden, da Bwana in den Augen der Einheimischen alle seine Mitarbeiter weit überragte. Solange er lebte, waren ungefähr 3500 Teilnehmer zu den Konferenzen gekommen. Wieviele würden wohl jetzt kommen? Nun mußte sich zeigen, ob er die Menschen an sich gebunden oder zu Christus gewiesen hatte. Harrison schreibt:

„Einige sagen: ‚Das Werk ist auf Bwanas einzigartige Persönlichkeit aufgebaut.' Andere schreiben den Erfolg, den er als Missionar hatte, seiner Herkunft und seinen natürlichen Gaben zu. Andere gehen noch weiter; sie sagen: ‚Er ist dahin, sein Werk wird auch dahingehen.' Aber was sagt der Herr? *Ihre Werke folgen ihnen nach.* Und wir haben weder Zusammenbruch noch Rückgang beobachtet. Nur Fortschritt, Vertiefung, Befestigung und reiche Frucht. Die Glaubenskonferenz, die gerade zu Ende ging, war ein überwältigender Beweis dafür. Viele Tausende kamen; weit mehr als je zuvor. Einige Teilnehmer versicherten, es seien 8000 Menschen gewesen. Aber wenn wir auch nur 7000 annehmen, dann waren es immer noch doppelt so viele wie auf irgendeiner früheren Zusammenkunft.

Bei einer solchen Mischung von Stämmen und Sippen befürchteten wir, daß keine einheitliche Leitung mehr möglich sei. Aber es war ein Wunder, welche Ruhe und Freude der Herr von Anfang an über die Versammlung breitete. Ihm sei Dank dafür. Das Evangelium hatte all ihre Stammesvorurteile überwunden. Es war geradezu eine Vorschau auf jenen großen Tag, wo alle Stämme und Nationen vor Gottes Thron stehen und ihre Knie vor dem Lamm beugen werden.

Gottes Segen war auch mit uns Missionaren. Jeden Morgen und jeden Abend, wenn wir uns um sein Wort sammelten, spürten wir, wie der Herr unter uns war. Es gab keine Disharmonie. Wir priesen unseren Erlöser für das Feuer, das uns so zusammengeschweißt hatte!

Am Abend des 16. Juli, ein Jahr nach dem Heimgang unseres geliebten Bwana, kamen wir zur Selbstprüfung vor dem Tisch des Herrn zusammen. Wir dachten an Jesu Tod und an die Nacht, in der Bwana von uns gegangen war. Wir erneuerten vor Gott und voreinander unsere Gelübde. Für uns sollte als Norm nur Gottes Wort maßgebend sein. Nie wollten wir der Gemeinschaft am Evangelium untreu werden, noch in der Verkündigung des Evangeliums nachlassen. Werden wir in Zukunft weniger Segen haben? Nein! Denn das Blut des Erlösers wird seine Kraft nie verlieren. Gottes Geist wird uns immer zum Sieg führen, und mit Gottes Hilfe werden wir vorwärts schreiten."

Die Arbeit heute

Manche kennen vielleicht die von Studd gegründete Missionsgesellschaft nicht näher. Sie fragen sich, wie die Geschichte weitergegangen ist und wie es heute um dieses Werk steht.

Um es gleich vorwegzunehmen: Die Zahl der Mitarbeiter ist auf über tausend angewachsen, und die Arbeitsfelder haben sich vervielfacht. Vor fast siebzig Jahren brach Studd 1913 in das Innere Afrikas auf. Vor seiner Abreise prägte er das bedeutsame Wort, das seither zum Motto des Werkes geworden ist:

Wenn Jesus Christus Gott ist und für mich starb, kann mir kein Opfer zu groß sein, um es ihm darzubringen.

Die geschilderten Führungen und Gebetserhörungen bildeten lediglich den Anfang von unzähligen, menschlich gesehen unmöglichen Ereignissen. Alle trugen zur Verwirklichung des Zieles bei, das Evangelium überall zu verbreiten, wo es noch nicht bekannt ist.

In Zaire, dem früheren Kongo, ist aus der damaligen Arbeit eine selbständige, einheimische Kirche hervorgegangen, die gut 80 000 Christen zählt. Trotz blutiger Verfolgungen während der Simba-Aufstände und großer wirtschaftlicher Nöte im Land hat die Gemeinde eine ungebrochene missionarische Kraft und wächst weiter.

In Indonesien ging aus der *WEK*-Arbeit die *Indonesische Missionsgemeinschaft* hervor, in der westliche Missionare neben Indonesiern und anderen Asiaten im Einsatz stehen. Sie unterhält Bibelschulen und ein weitgestecktes Evangelisationsprogramm für die Inselwelt. Indonesi-

sche Missionare dieser Bewegung haben Dienste in Übersee aufgenommen.
Weitere Missionsgebiete befinden sich in Asien, Afrika und Südamerika. Aber auch in Europa gibt es vom Evangelium noch unerreichte Bevölkerungsgruppen, unter denen *WEK*-Missionare arbeiten.
Als selbständiger Zweig entstand 1941 der *Christian Literature Crusade* mit heute über sechshundert Mitarbeitern. Sie unterhalten Bücherzentren in 46 Ländern, die auch anderen Missionen und Gemeinden dienen.
Ein Zweig, der im Inneren Afrikas entstand, führte zu *medizinischer Missionsarbeit* in Liberia, Ghana, Guinea-Bissau, Gambia und in einigen islamischen Ländern.
1960 wurde mit *Radioarbeit* begonnen. Studios befinden sich in England, Indien, Thailand, Indonesien und Ghana. Daneben entfaltet sich auch eine wachsende Arbeit mit Tonkassetten.
Eine besondere Funktion erfüllen die *evangelistischen Blätter* „Cedo", „Bientôt" und „Soon", die in Afrika und anderen portugiesisch-, französisch- und englischsprachigen Gebieten gelesen werden. Ihre Auflagen gehen in die Hunderttausende.
Wichtiger Schwerpunkt ist auch die Ausbildung einheimischer Mitarbeiter. Dazu unterhält der *WEK* in verschiedenen Arbeitsgebieten *Bibelschulen.* Von zehn Heimatzentren aus werden die Mitarbeiter auf gemeinsame Arbeitsfelder gesandt (Anschriften deutschsprachiger Heimatzentren am Ende des Buches). Über die Missionsarbeit berichtet die in Deutschland und der Schweiz erscheinende Zeitschrift „Weltweit".
Die Verheißung, die C. T. Studd bei seiner Ausreise nach Afrika von Gott empfing — so utopisch sie schien —, erfüllt sich in reichem Maße. Jesus steht zu seinem Wort und ruft auch heute Menschen in den weltweiten Dienst der Mission.

Inhalt

Heimatzentren im deutschsprachigen Raum:

WEK-Missionshaus, Postfach 9, D-6239 Eppstein
WEK-Missionshaus, Falkenstr. 10, CH-8630 Rüti ZH

Isobel Kuhn

Die mich suchen — In der Arena

Neu bearbeitete Gesamtausgabe
176 Seiten. ABCteam 3156. Taschenbuch

„Daß Sie an Gott glauben, ist nur das Ergebnis Ihrer Erziehung."
Isobel Kuhn muß ihrem Professor recht geben. Man hat ihr gesagt, was sie glauben soll, und sie hatte es getan. Noch auf dem Nachhauseweg beschließt sie, von nun an keinerlei Lebenstheorien mehr ungeprüft zu übernehmen. Dabei empfindet sie das angenehme Gefühl von ungeahnter Freiheit.
Doch dabei bleibt es leider nicht lange. Enttäuschungen und ihr selbst unerklärliche Ereignisse stellen sie bald erneut vor die Fragen: Gibt es Gott? — Kann man ihn finden?
Offen und ehrlich berichtet sie in diesem Buch von ihren Erfahrungen und Erlebnissen auf der Suche nach Gott. Schließlich ist sie bereit, die Konsequenzen zu ziehen: Sie reist nach China, um dort Gott zu dienen.
Doch damit endet ihr Suchen nicht. Was sie in den Bergen Chinas an Unvorhergesehenem und Ungewolltem, an Höhepunkten und Enttäuschungen erlebt, beschreibt der zweite Teil des Buches: In der Arena. Schließlich stellt der Arzt fest, daß sie an Krebs erkrankt ist. Wie damit fertigwerden? Das Ende — oder ein neuer Anfang?

Brunnen Taschenbücher

13011 Erich Schick
Seelsorge an der eigenen Seele

13015 Berthold Kuhne
Brücke über dem Nichts

13018 Klaus Bockmühl
Bücher wozu?

13024 Isselmann/Wunderlich
Der Sieg geht weiter

13029 Ursula Foertsch
Corrie ten Boom

13030 Walter Köhler
Intim vor der Ehe?

13033 Adolf Wunderlich
Vom Kreuz führt ein Weg nach Haus

13035 Albrecht Löschhorn
Gott ist gegenwärtig

13036 Friedhelm König
Du bist gemeint

13042 Heinz Zindel
Erziehung – Chance oder Schicksal?

13052 Martin Goldsmith
Was ist eigentlich Kommunismus?

13055 Jay Adams
Festgefahren?

13056 Friedhelm König
Der uns den Sieg gibt

13057 Adolf Wunderlich
Mit dem Neuen Testament bis nach Sibirien

13058 Jay Adams
Geborene Gewinner

13067 Isselmann/Wunderlich
Das Licht der Gerechten brennt fröhlich

13068 Johanna Lorch
Opfernd reift die Frucht

13084 Isselmann/Wunderlich
Immer grüne Welle

13087 Sanders/Fraser
Wirksames Gebet

13088 David Adenay
Chinas Christen heute

13097 Walter Wanner
Du – Wie finde ich den richtigen Partner?

13098 Walter Lohrmann
Auf Gottes Risiko leben

13099 Benda/Jacobsen
Es stimmt was nicht

13100 Ernst Schreiner
Die Harfe der Hugenottin

13101 Stephen Menzies
Reiseführer vom Tode zum Leben

13102 Walter Wanner
Wer bin ich – wer bist du?

13115 Brunhilde Helwig
Bist du da?

13116 Adolf Wunderlich
Von Gott umgeben

13124 Ernst Schreiner
Die Meistergeige

13125 Sheldon Vanauken
Und wenn es doch wahr wäre?

13126 Klaus Bockmühl
Auf dem Weg

13129 Wilhelm Landgrebe
Dietrich Bonhoeffer

13138 Werner Stoy
Umkehr – die letzte Chance

13139 Erich Schick
Geistesleistung

13145 Schick/Haag
Christian Friedrich Spittler

13147 Oswald Sanders
Maßstäbe, die herausfordern

13148 Gerd Propach
Missionar – ein unmöglicher Beruf?

13149 Anne Townsend
Überraschungen mit dem Gebet

13150 C.S. Lewis
Pardon, ich bin Christ

13156 Isobel Kuhn
Die mich suchen / In der Arena

13163 Dieter Theobald
Stets zu Diensten

13164 Garth Lean
John Wesley

13165 Norman P. Grubb
Carles T. Studd

13166 Isselmann/Wunderlich
Der Herr macht Programm

13173 Werner Stoy
Du bist krank – ich will dich trösten

13174 Andreas Markusson
In der Finsternis wohnen die Adler

13175 Martin Luther
Wie man beten soll

13176 Martin Liedholz
Hoffen auf Leben

13177 Arno Pagel
Marie Durand

13178 Maria Stiefl-Cermak
Jemand hat mir zugelächelt

13179 Denis Lane
Marktlücke für Missionare

13180 Sheldon Vanauken
Eine harte Gnade

13192 Walter Wanner
Die Zukunft gewinnen – Das Leben meistern

13195 Dieter Weber
Öffne den Himmel über mir

13196 John Pollock
Hudson Taylor – Pionier im verbotenen Land

13203 Gerd Rumler
Klarer Kopf trotz matter Scheibe

13206 Walter Wanner
Signale aus der Tiefe

13207 Dieter Theobald
Alles halb so schlimm

13208 Manfred Siebald
Ist schon alles gesagt?

13209 J.H. Oldham
Ein Mensch wagt zu lieben